Libros De Dragones Para Colorear

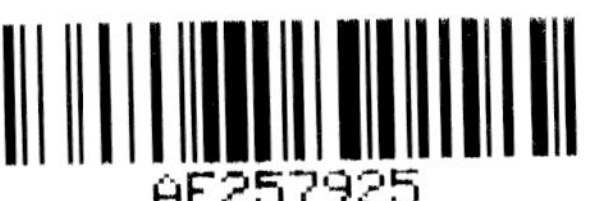

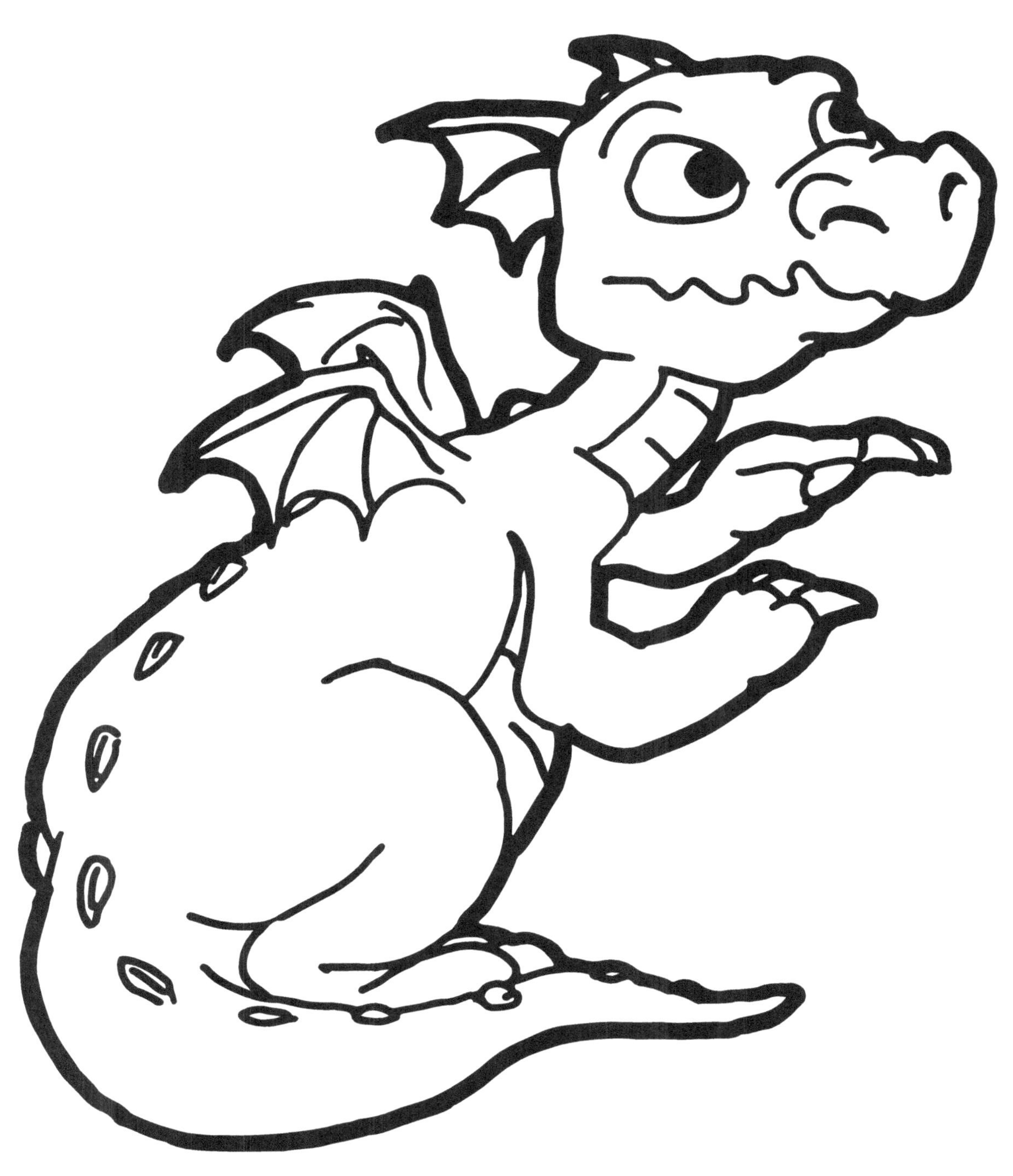

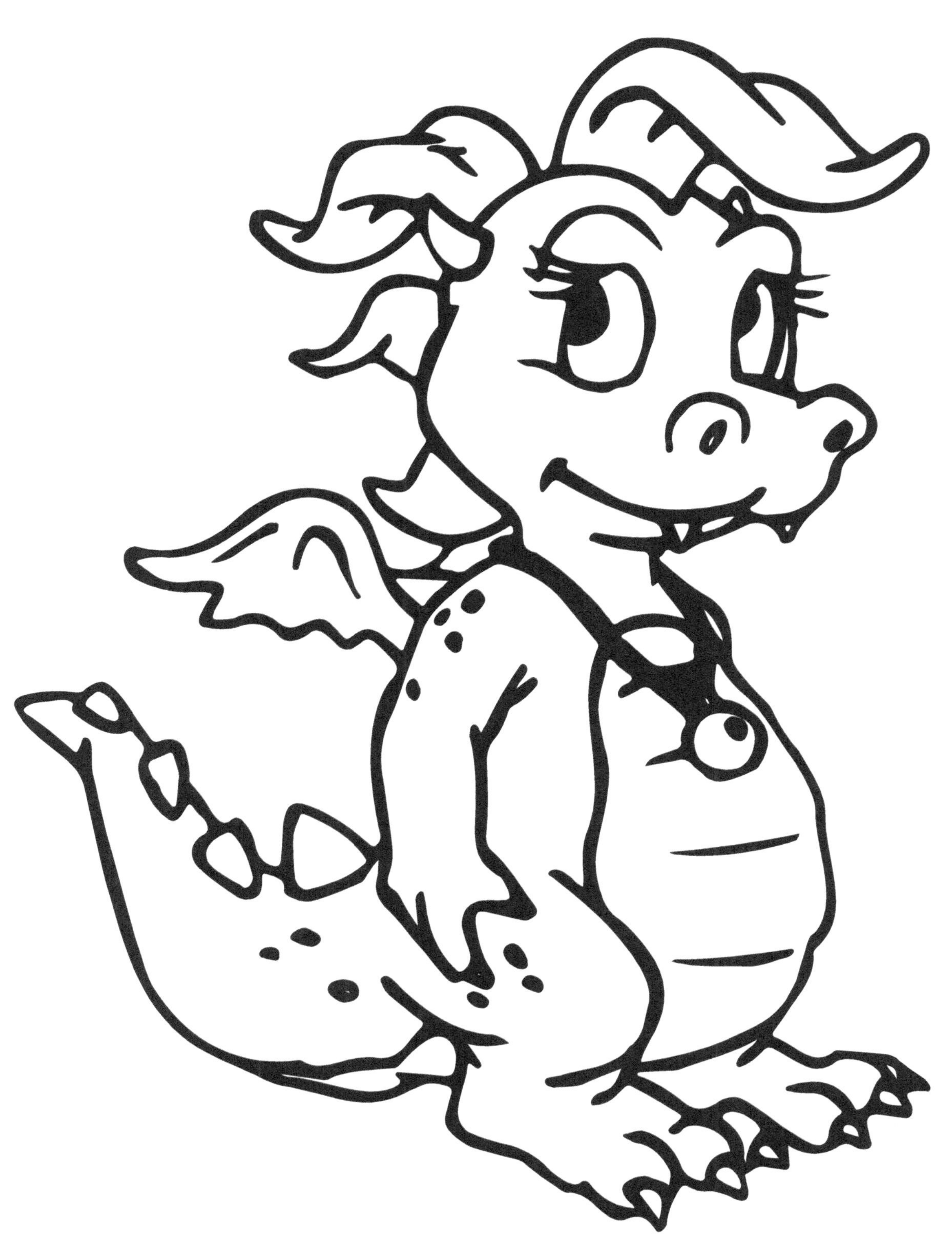

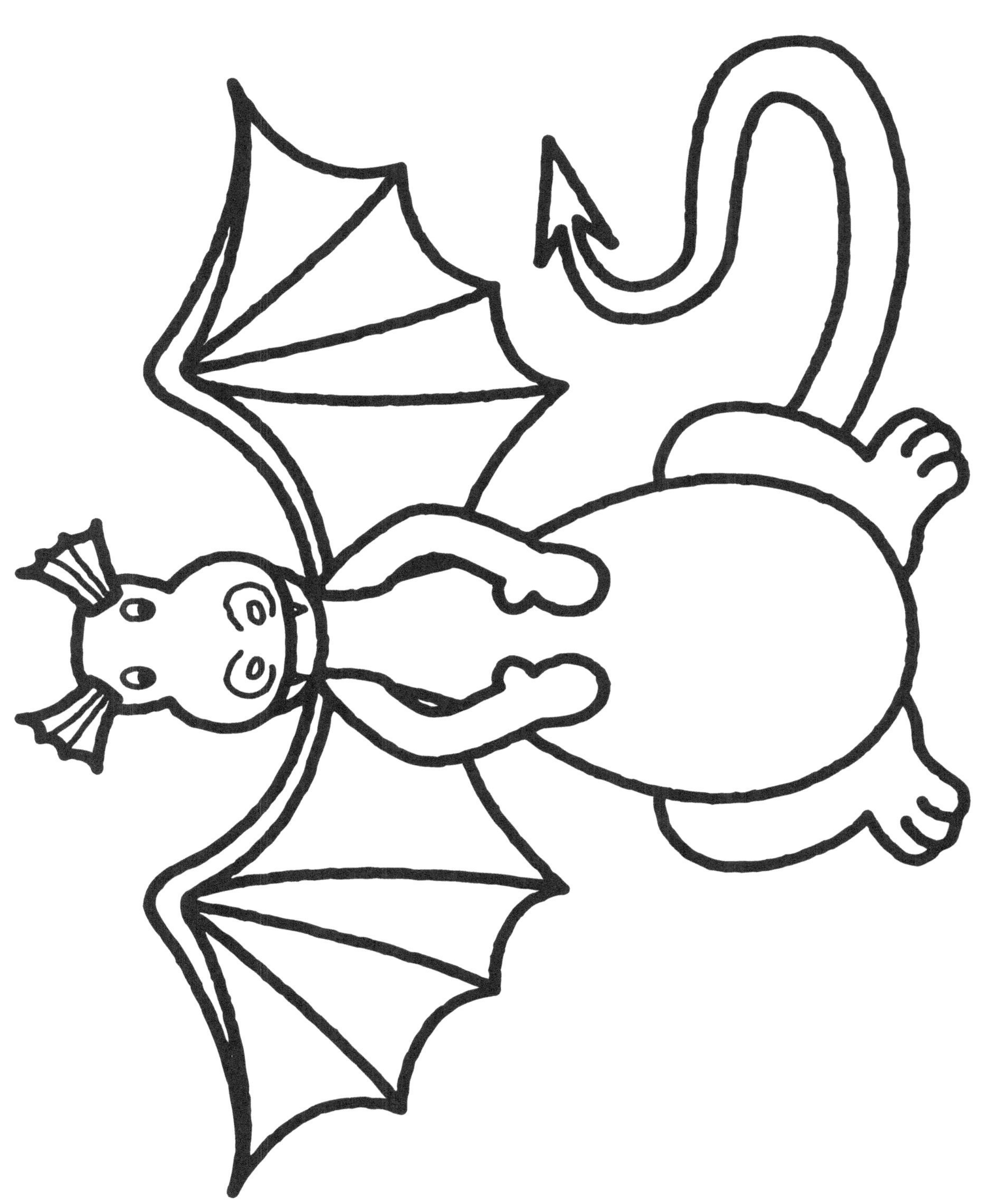

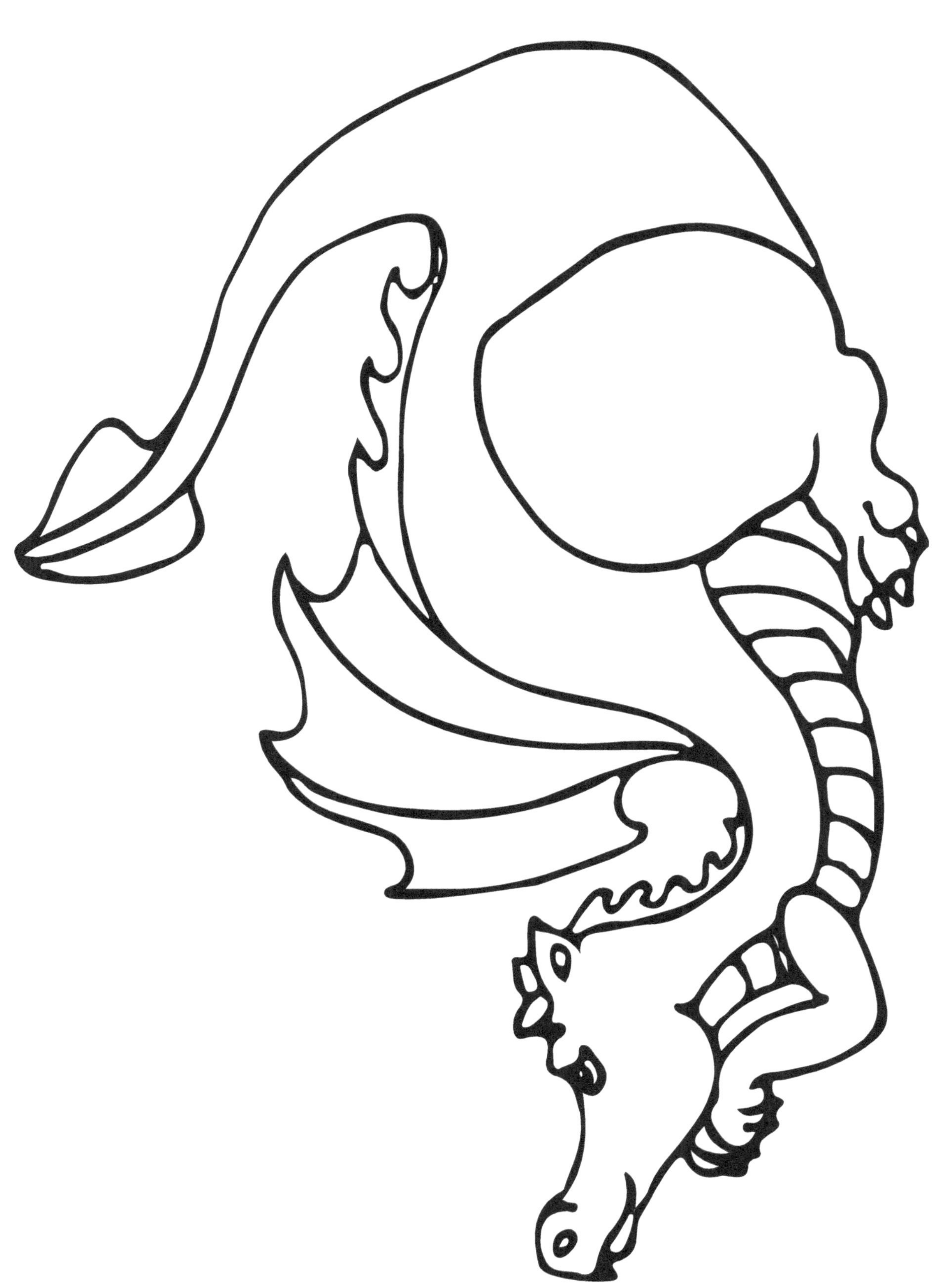

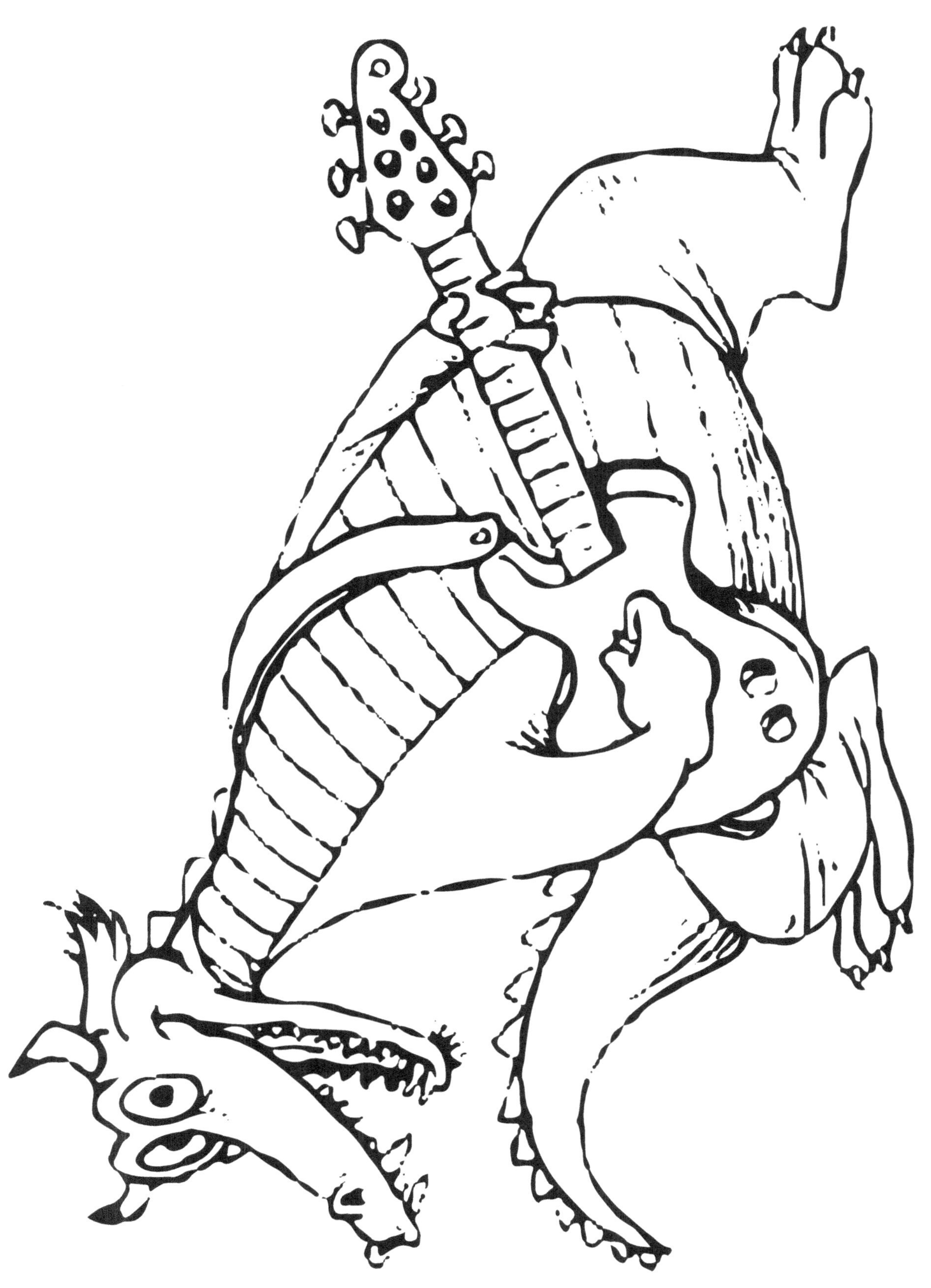

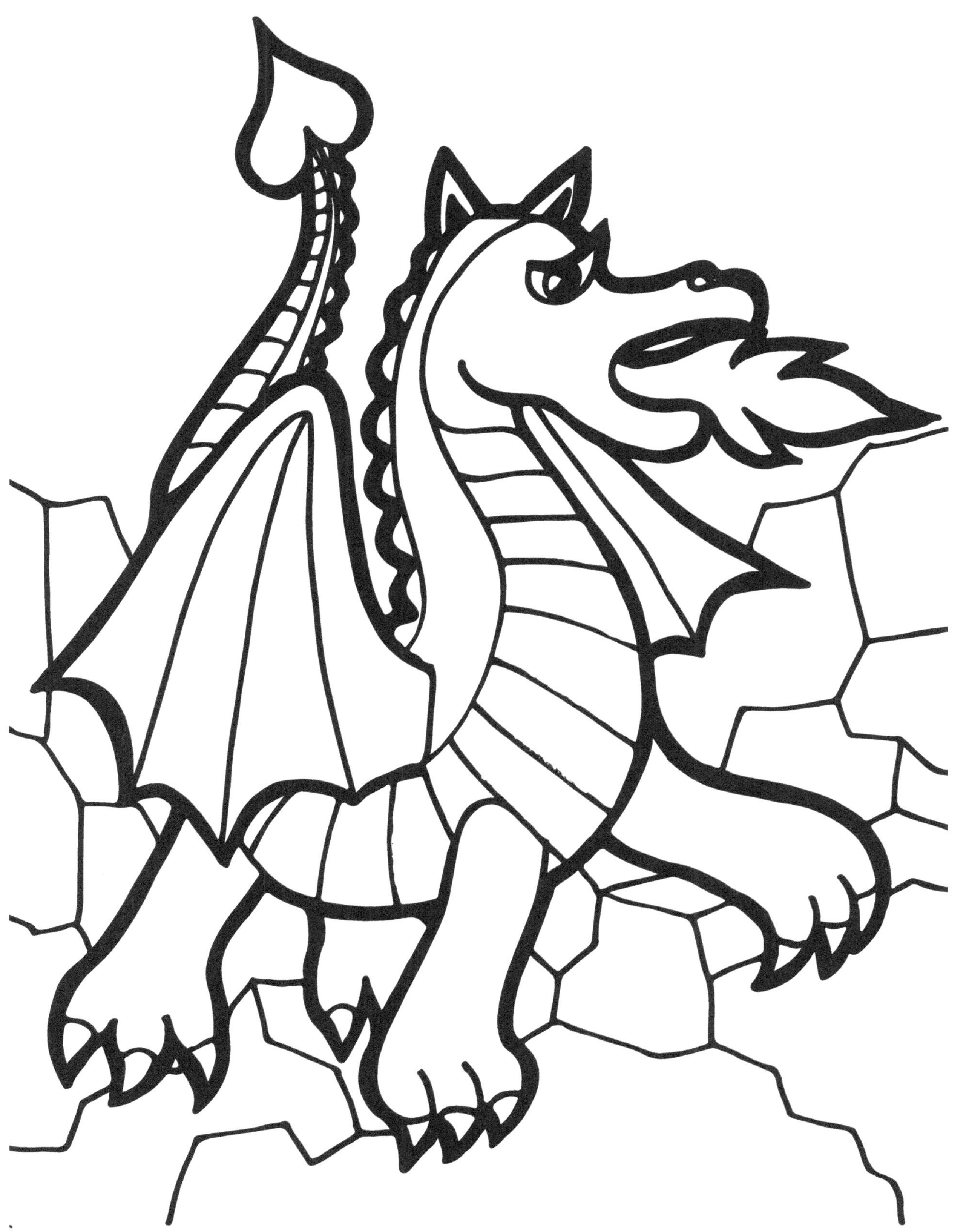

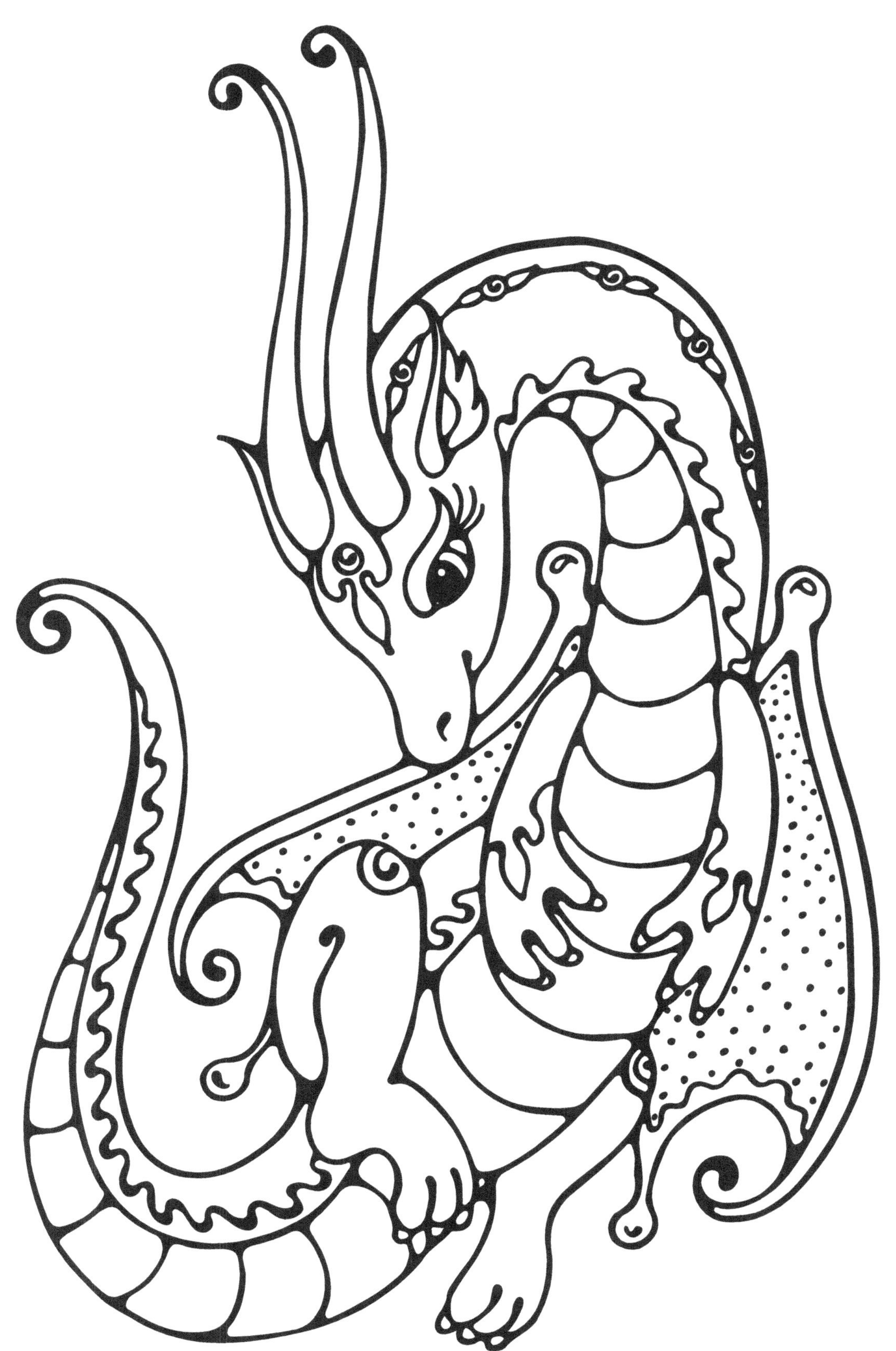

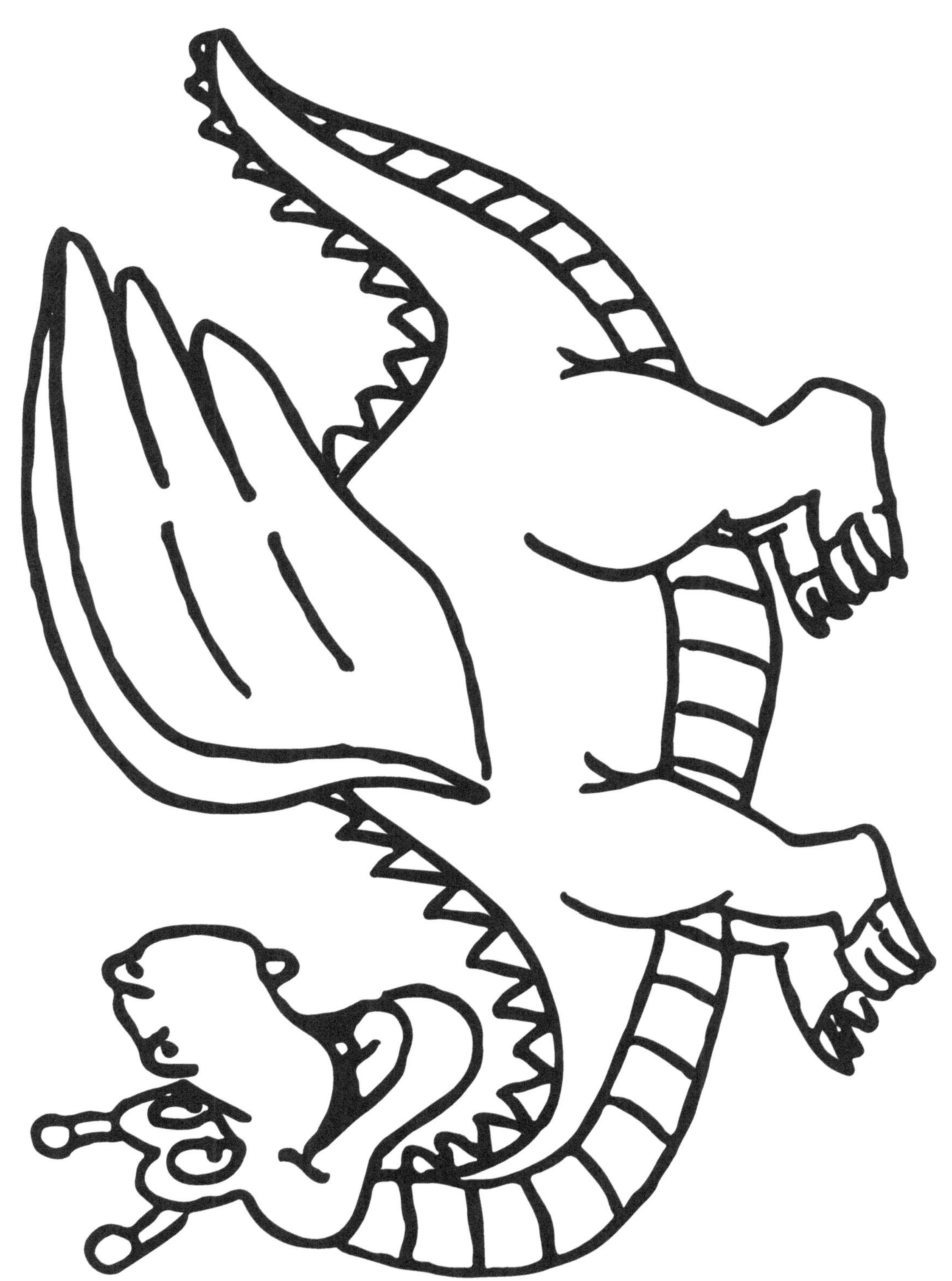

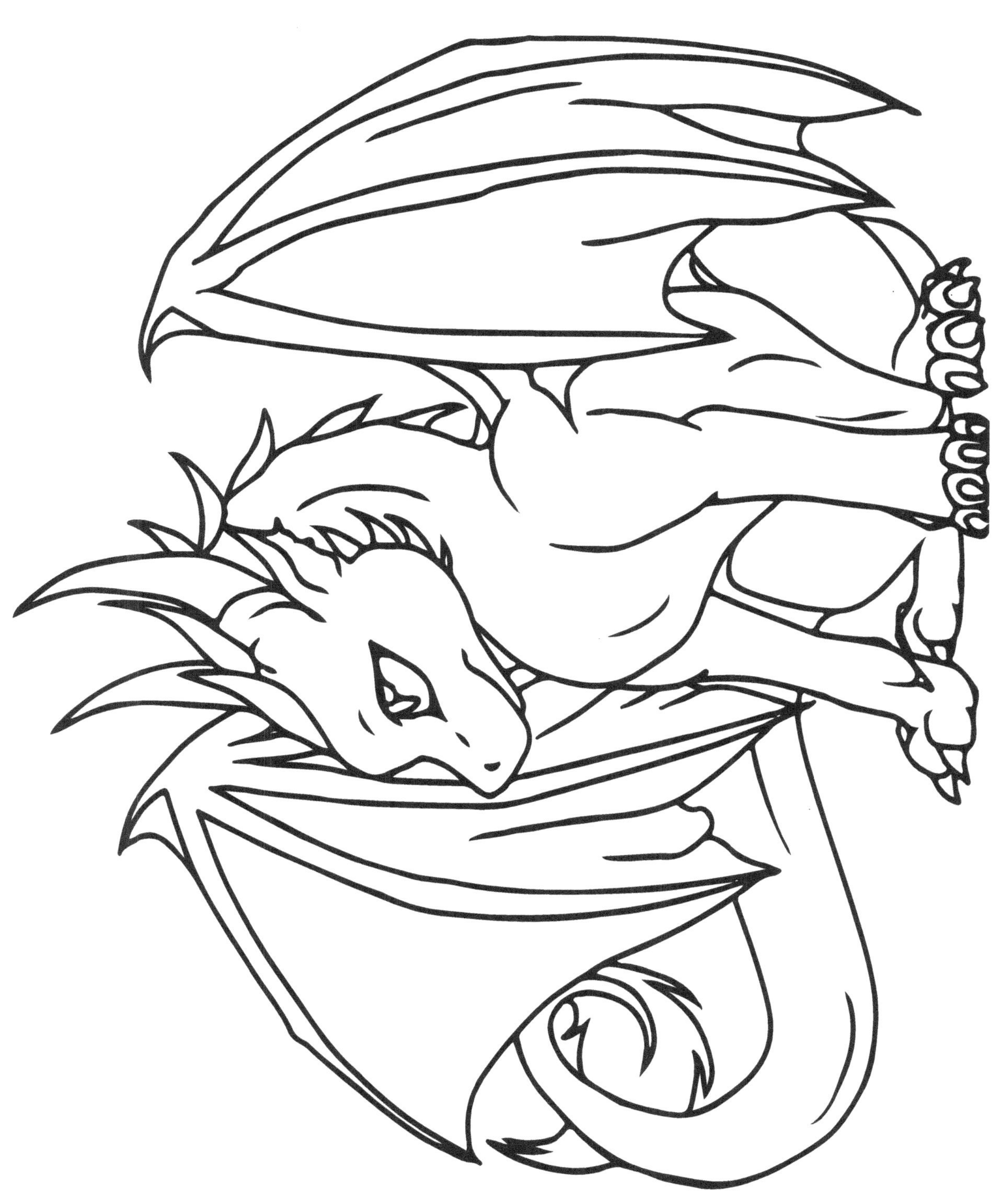

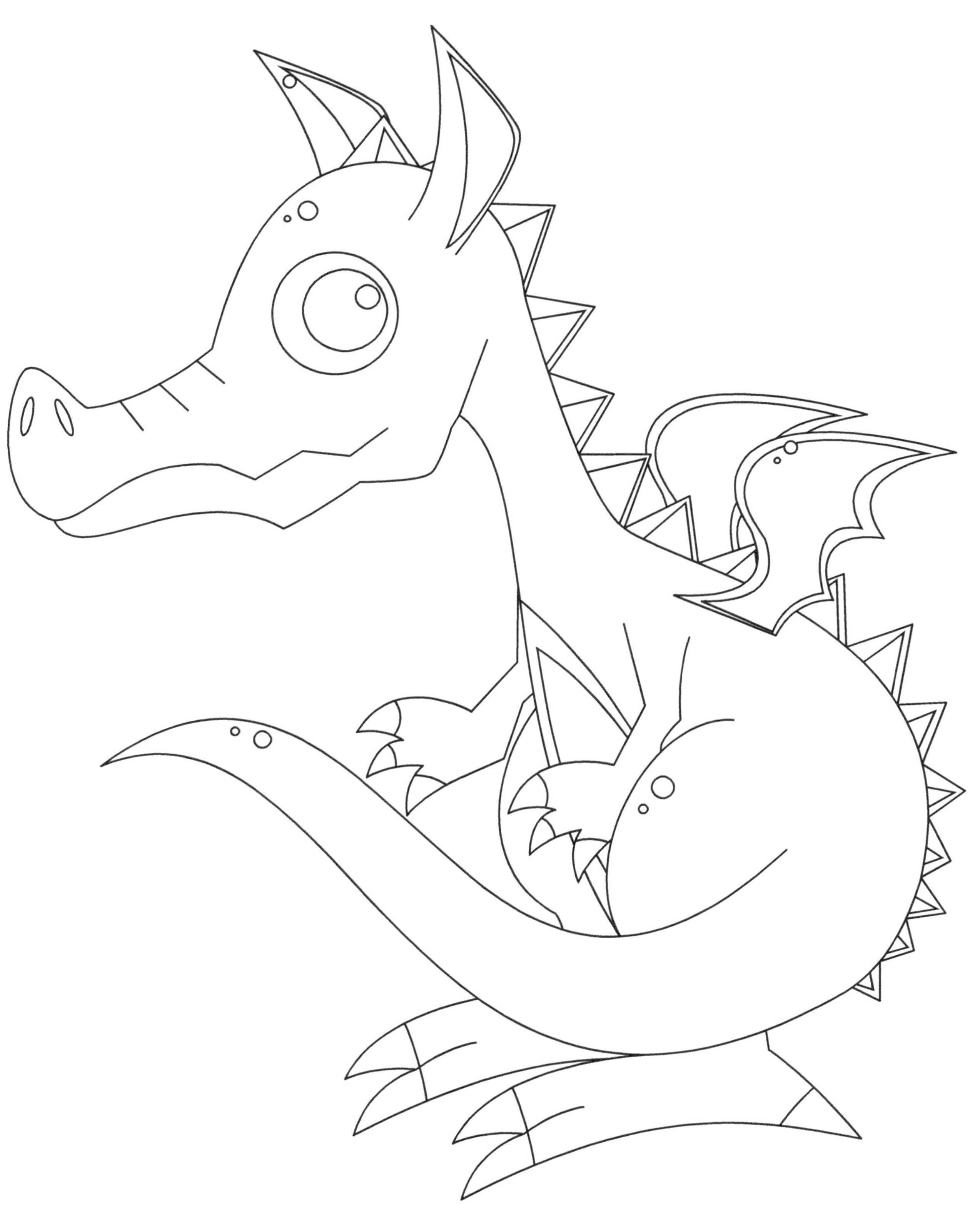

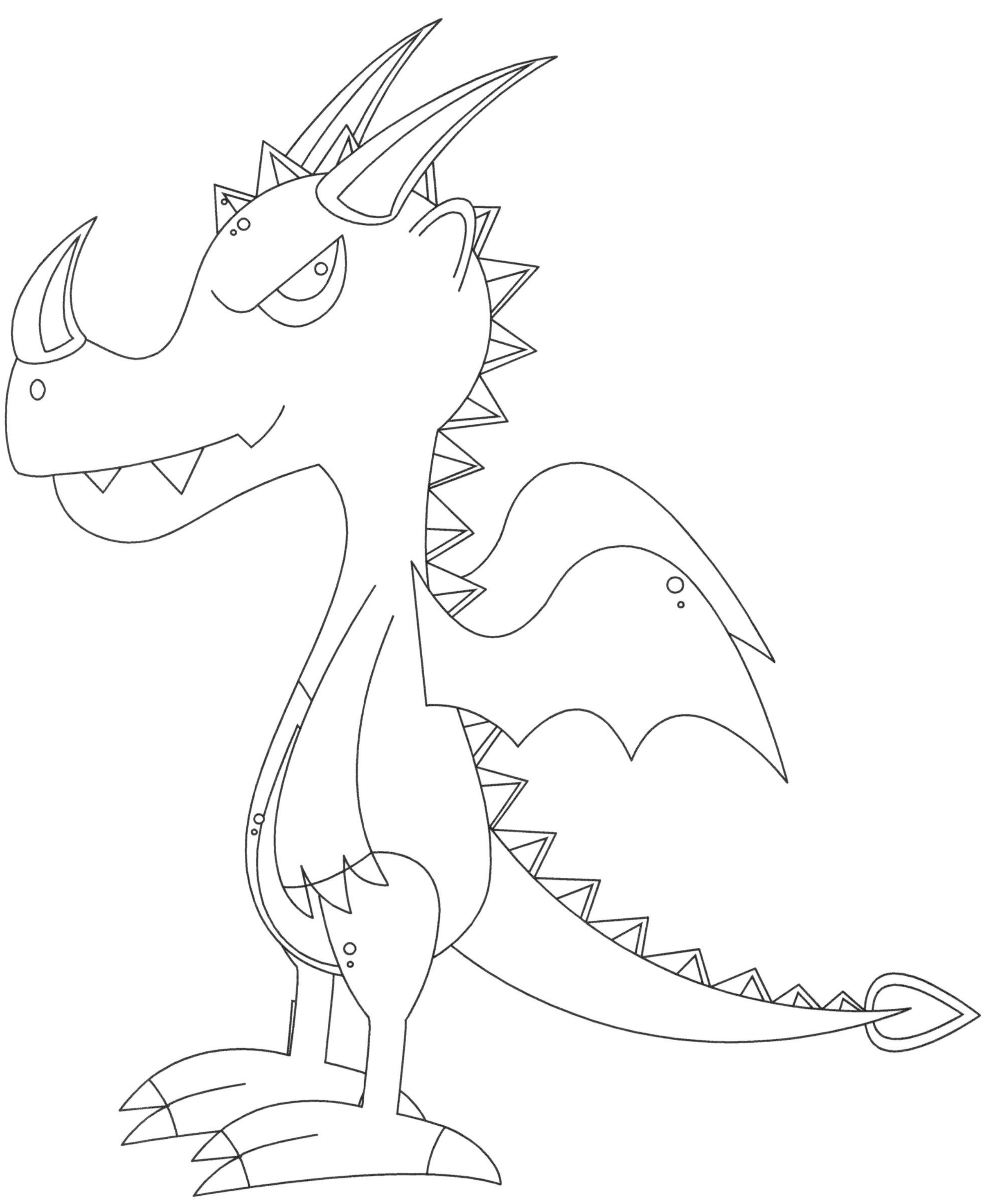

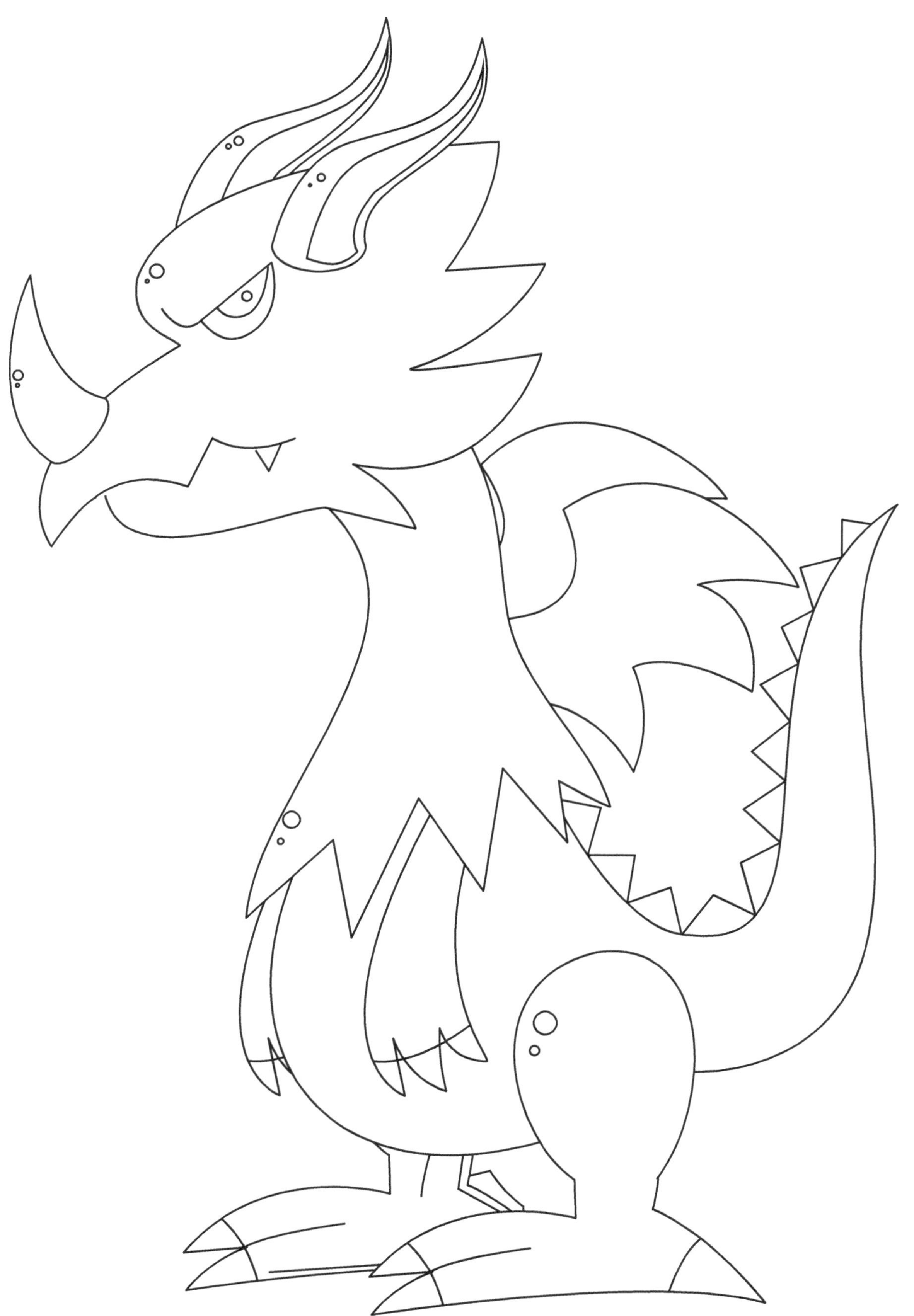

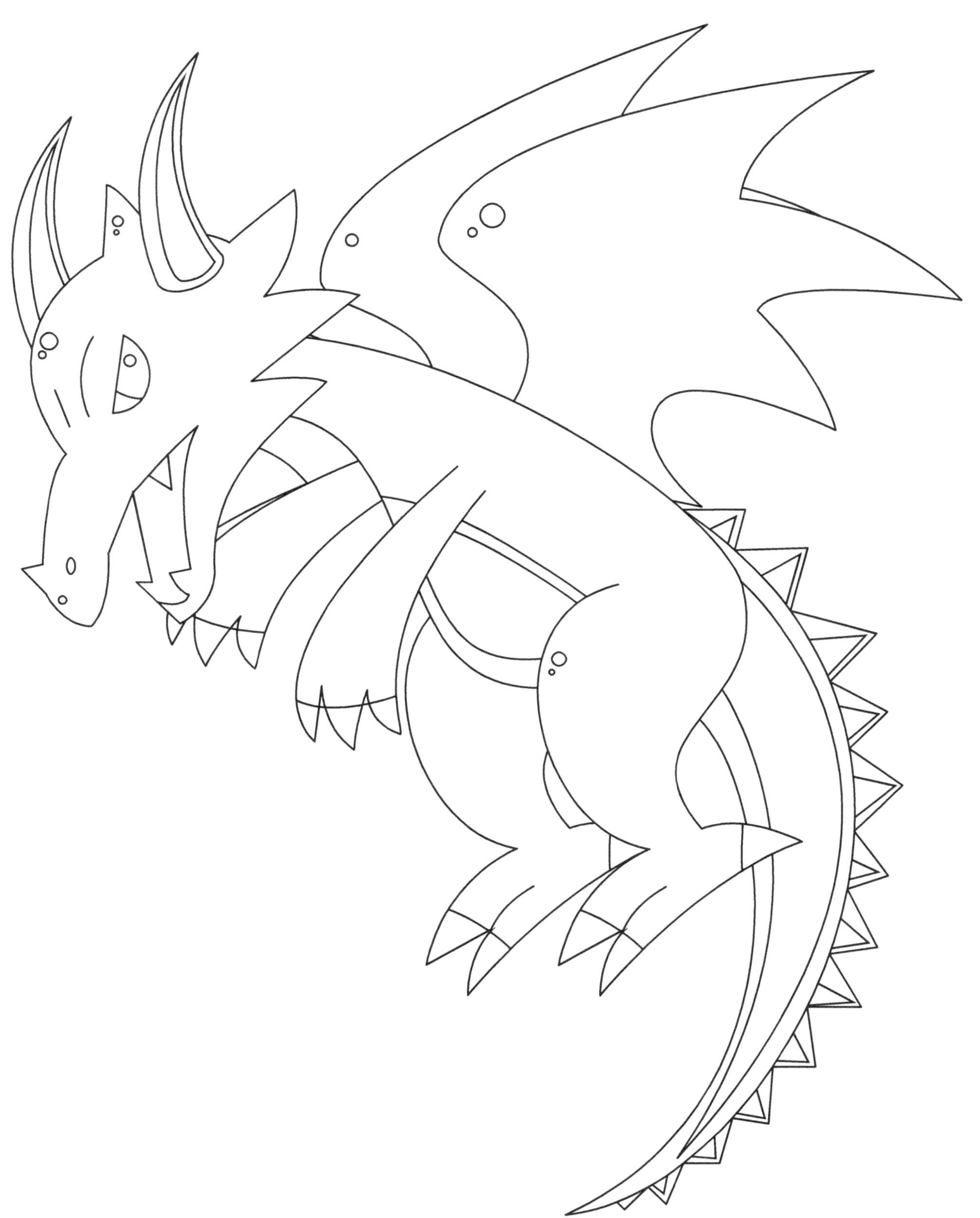

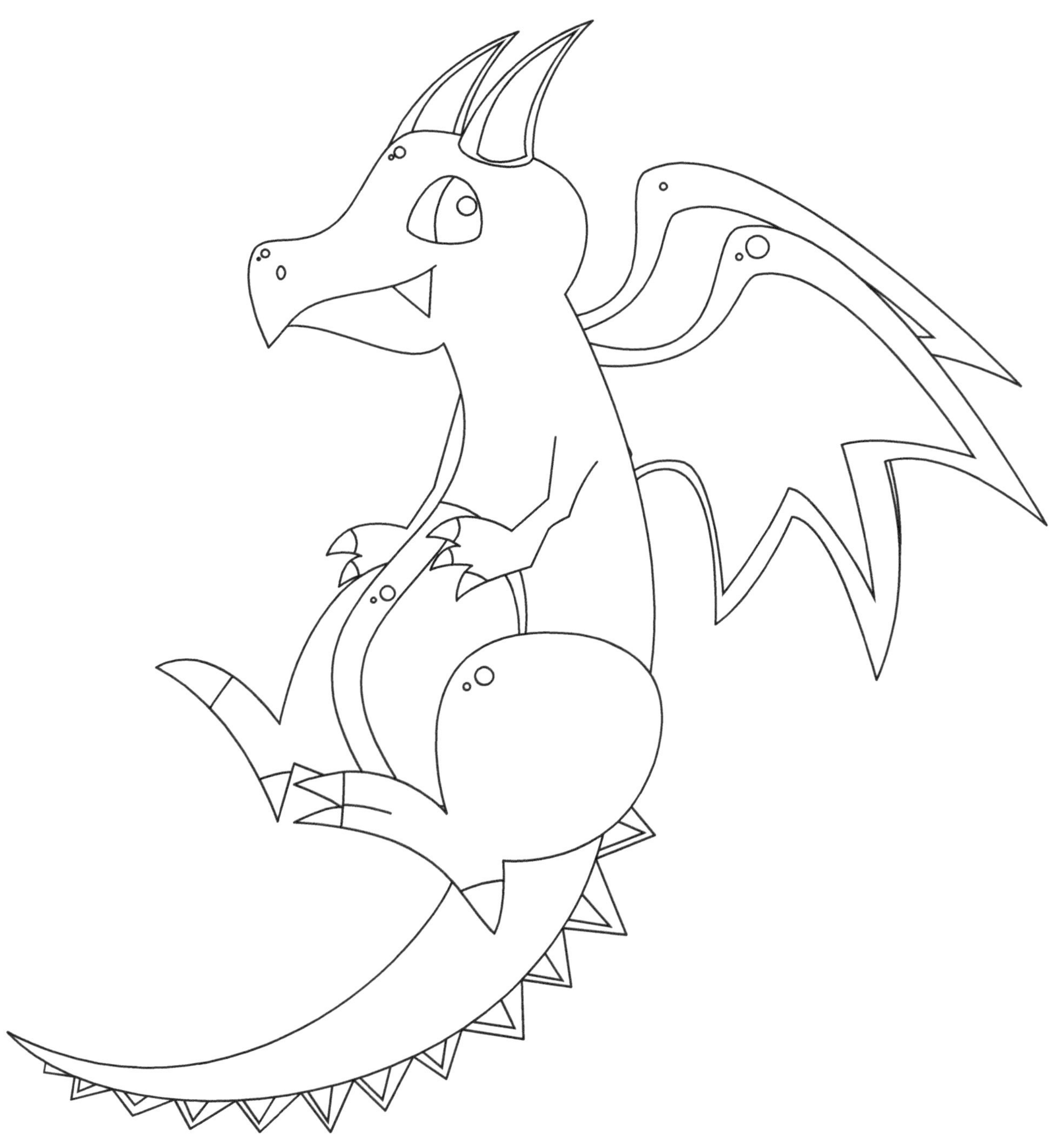

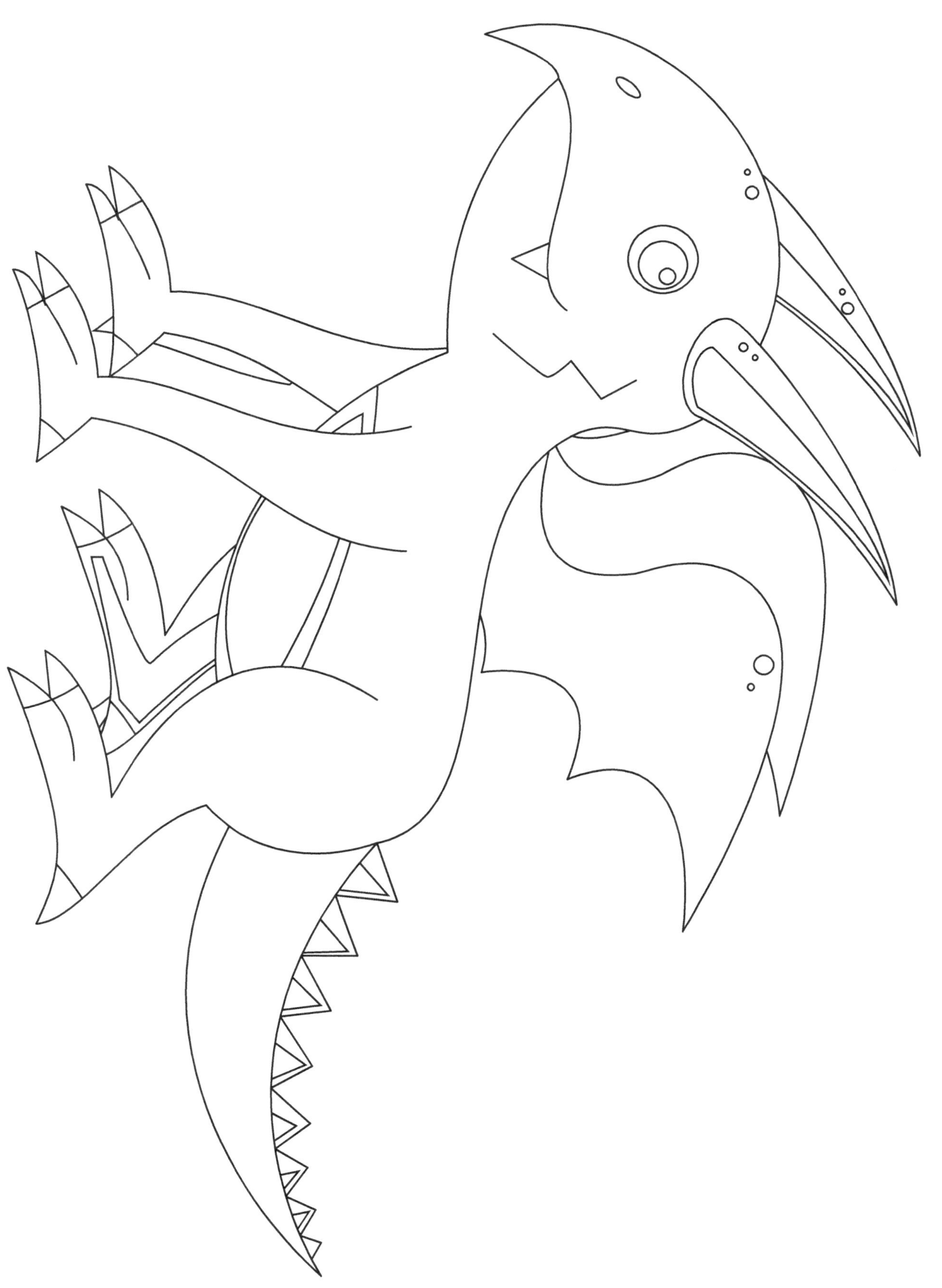

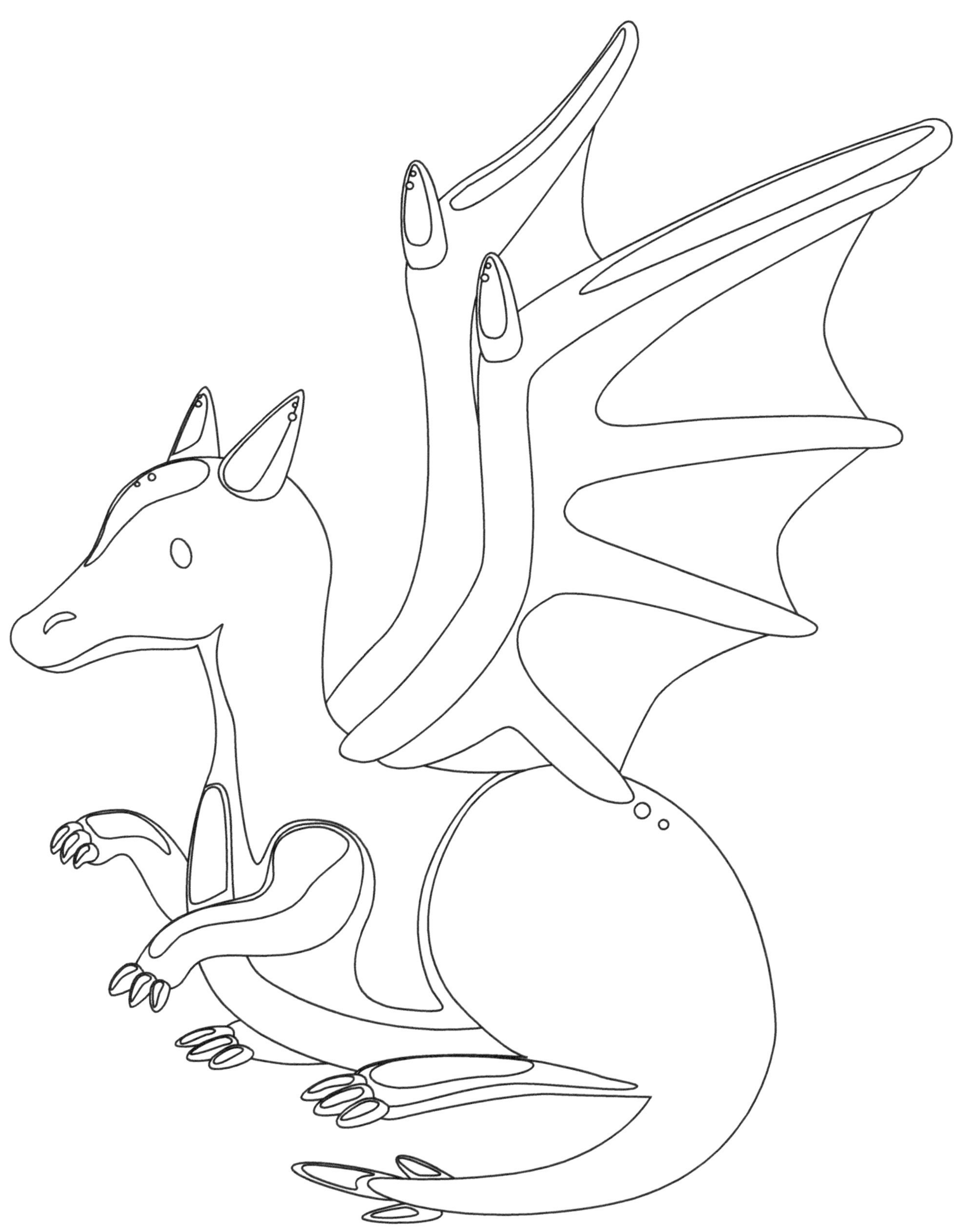

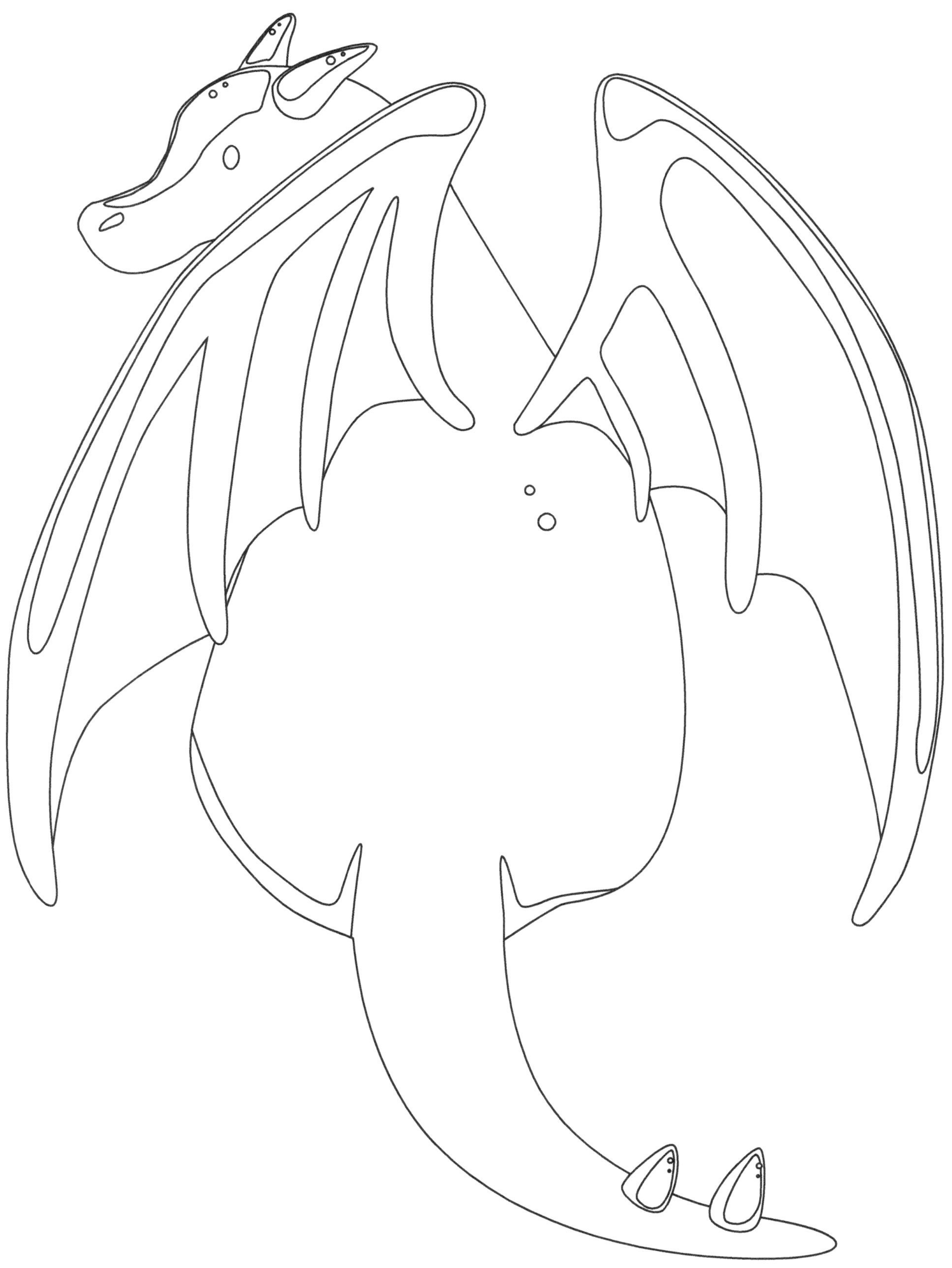

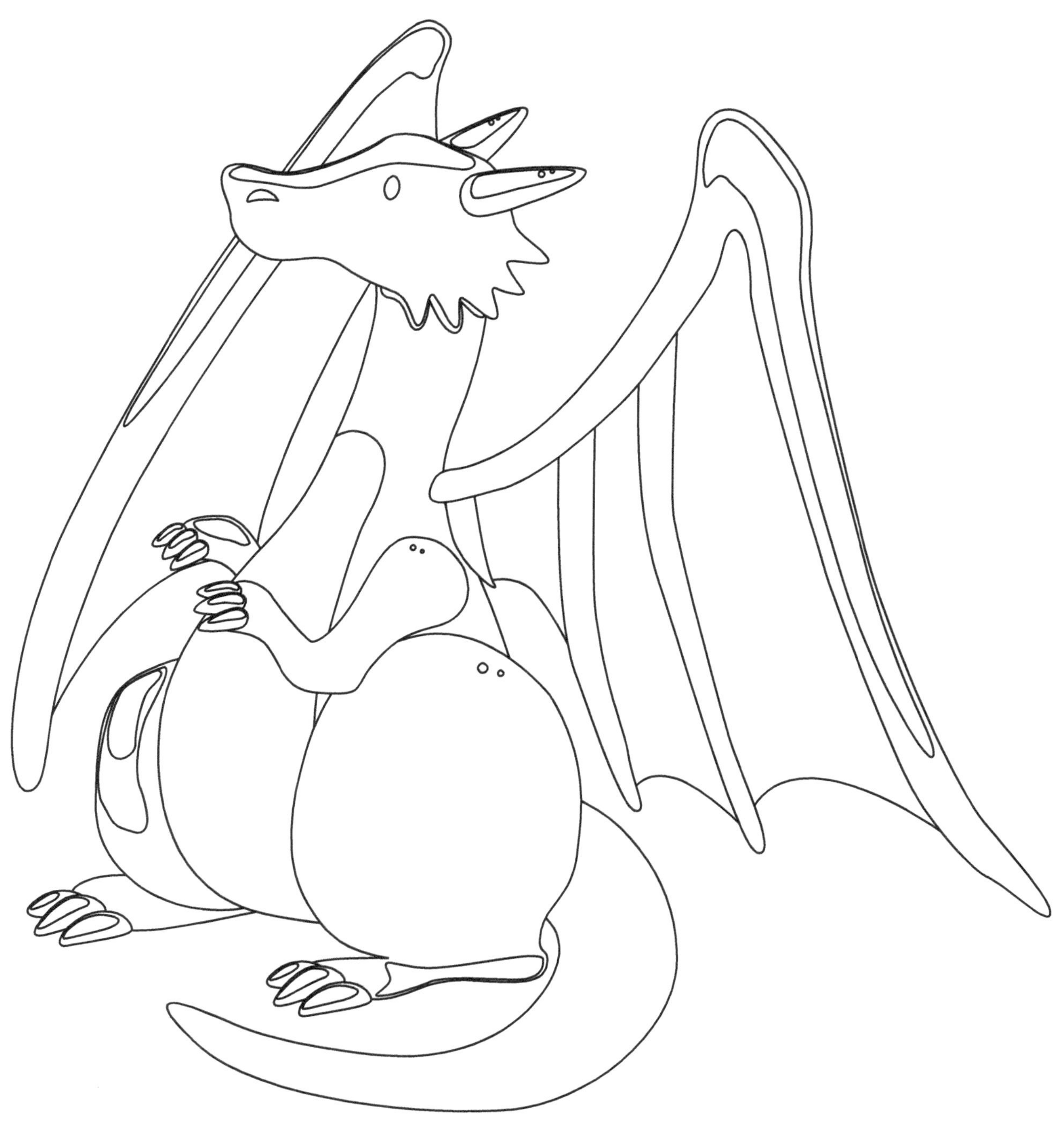

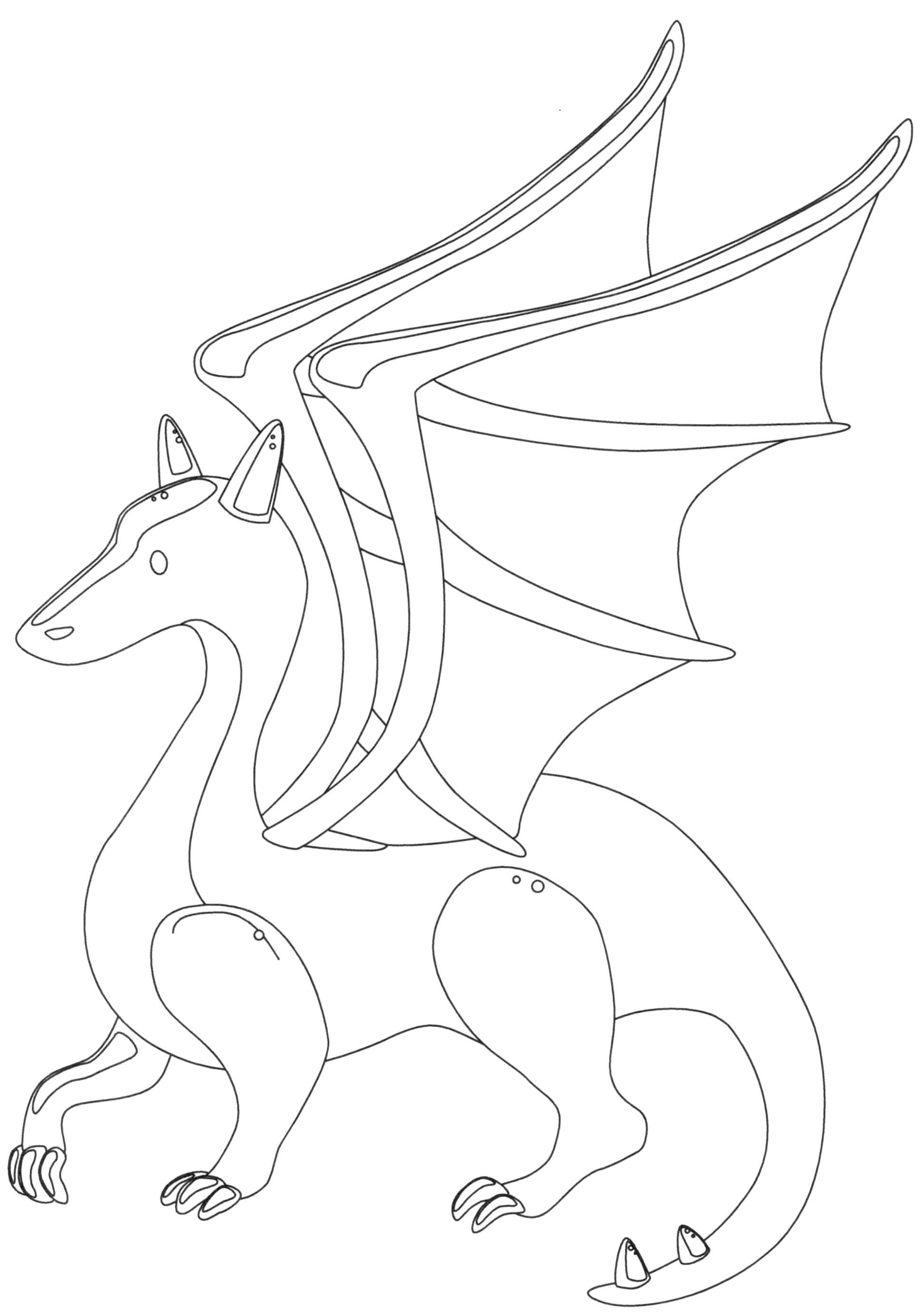

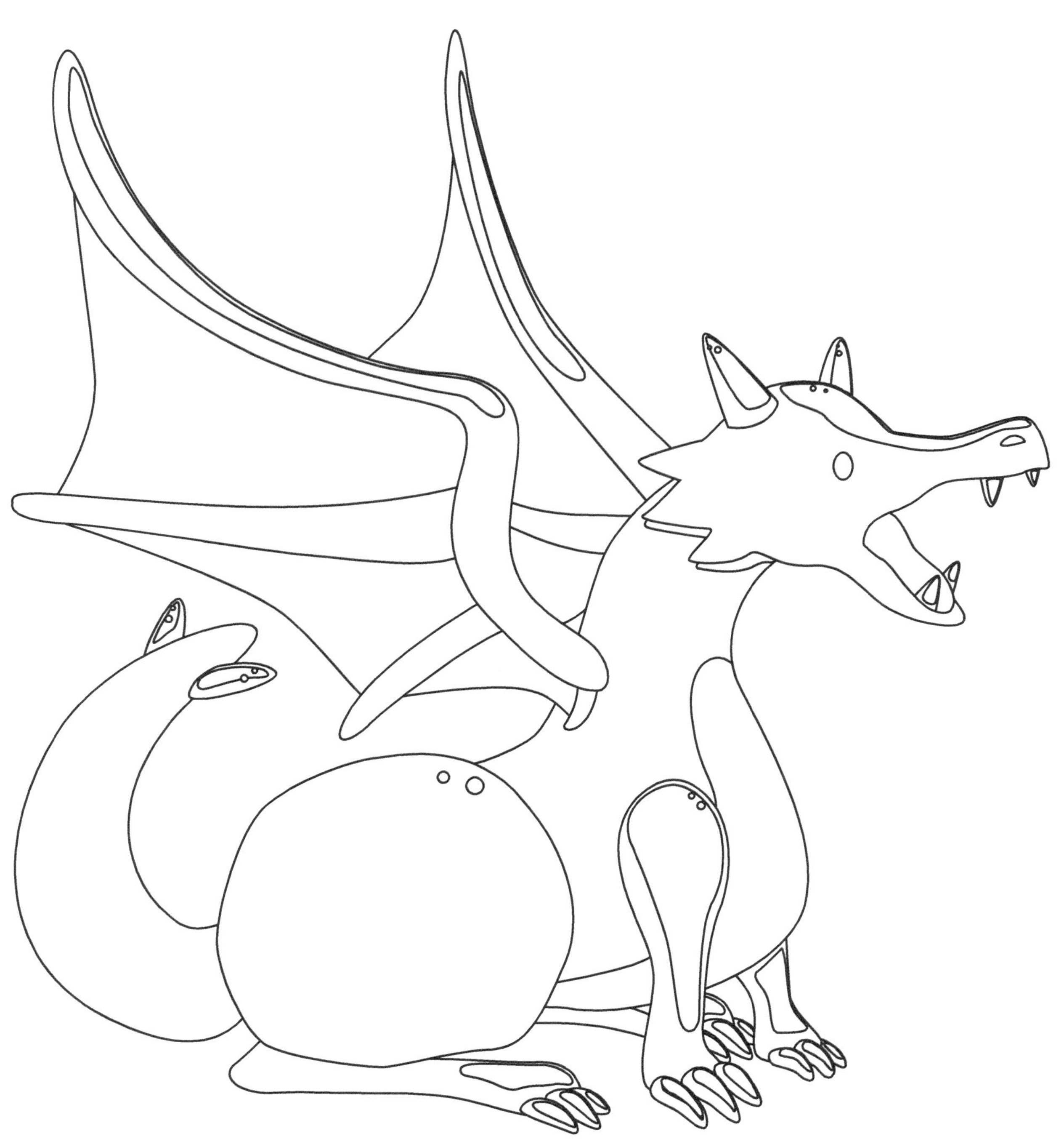

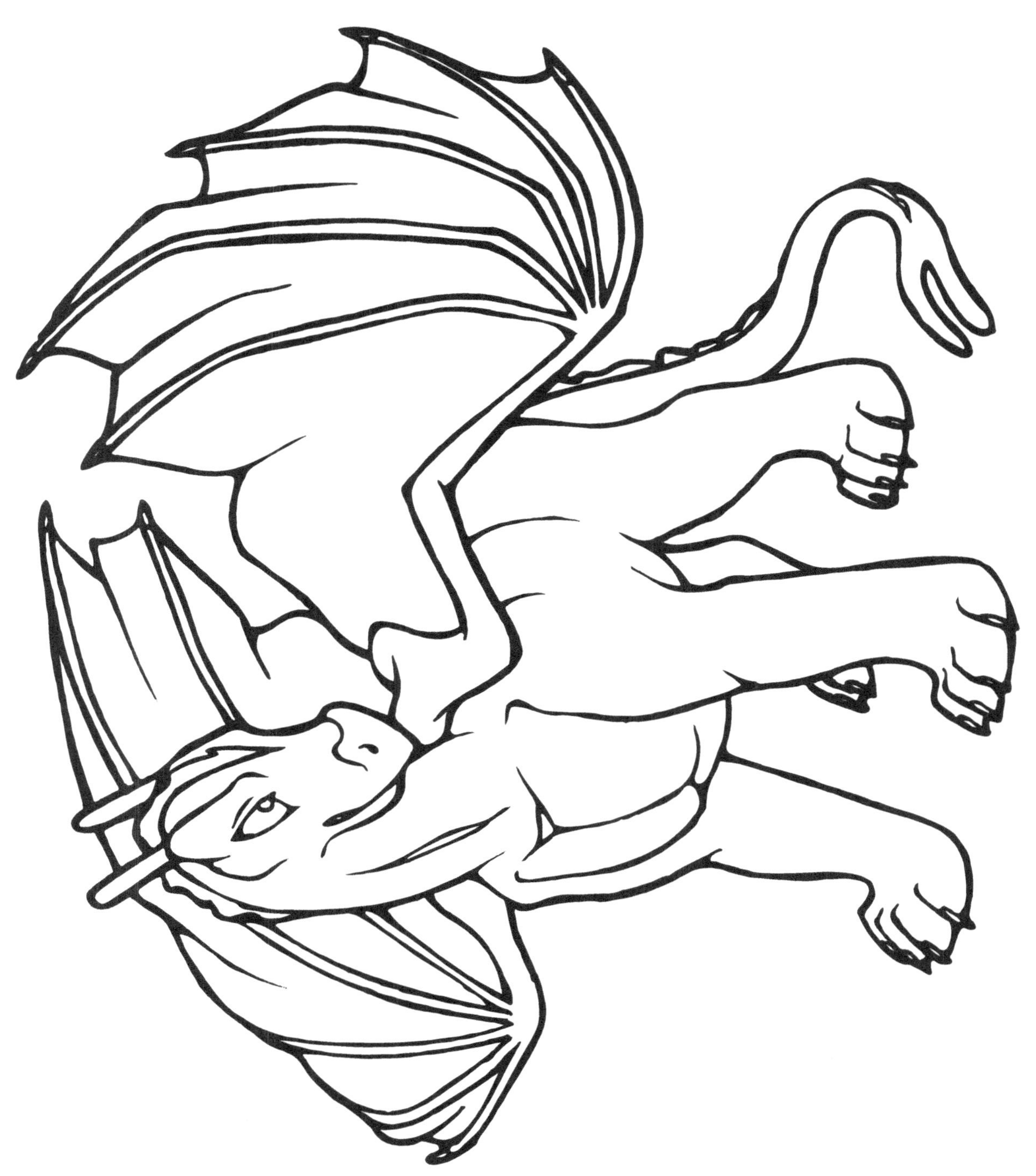

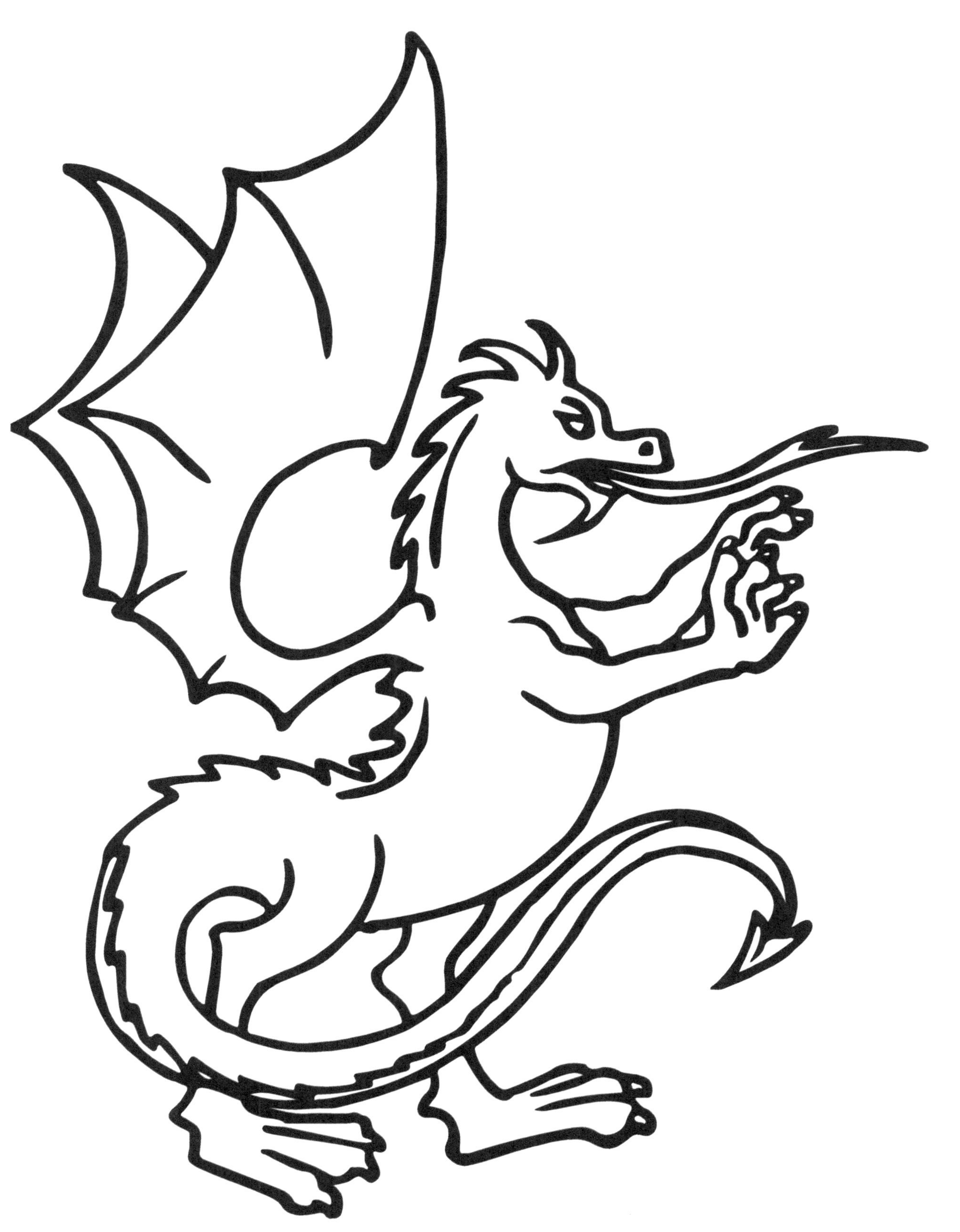

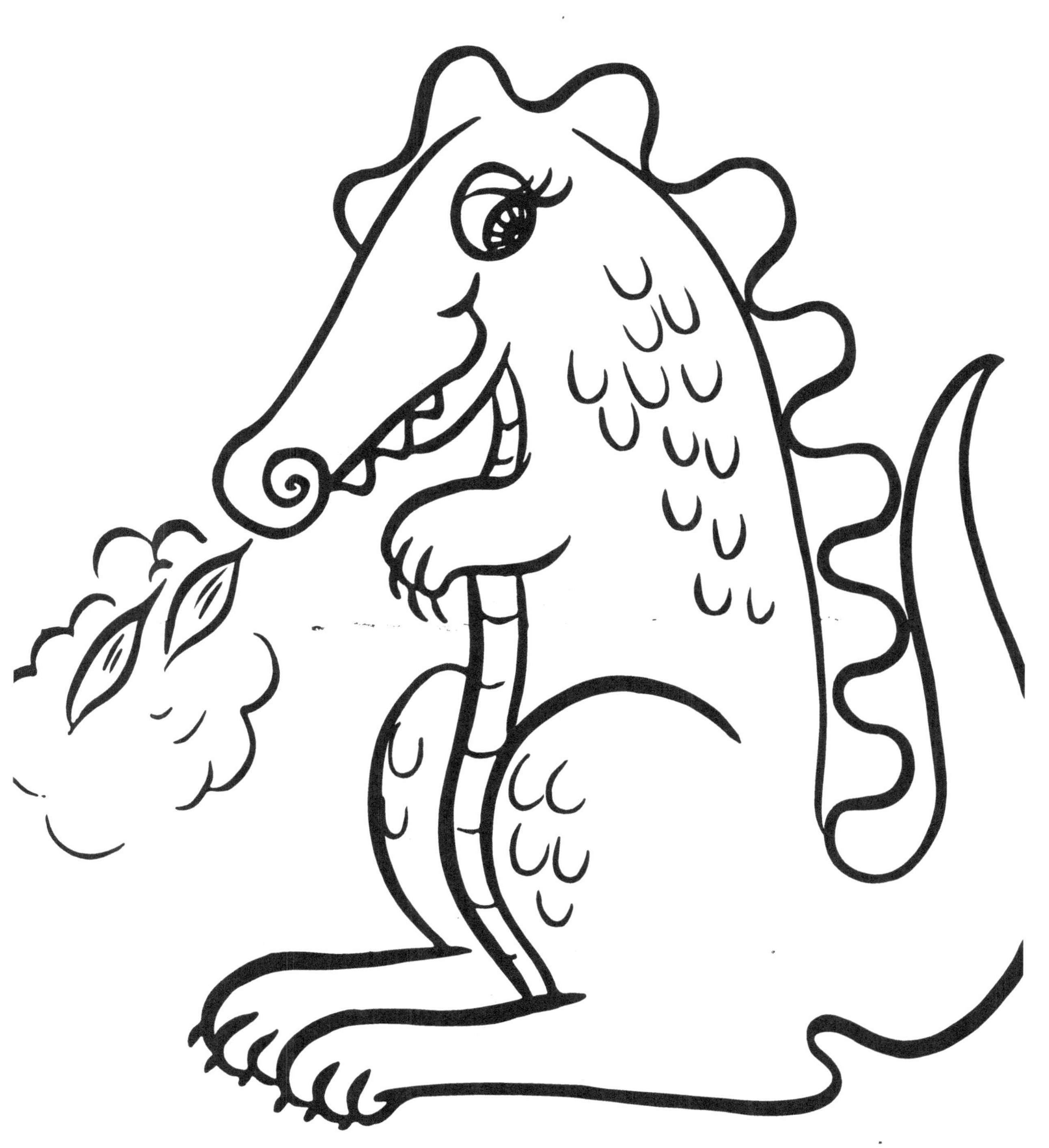

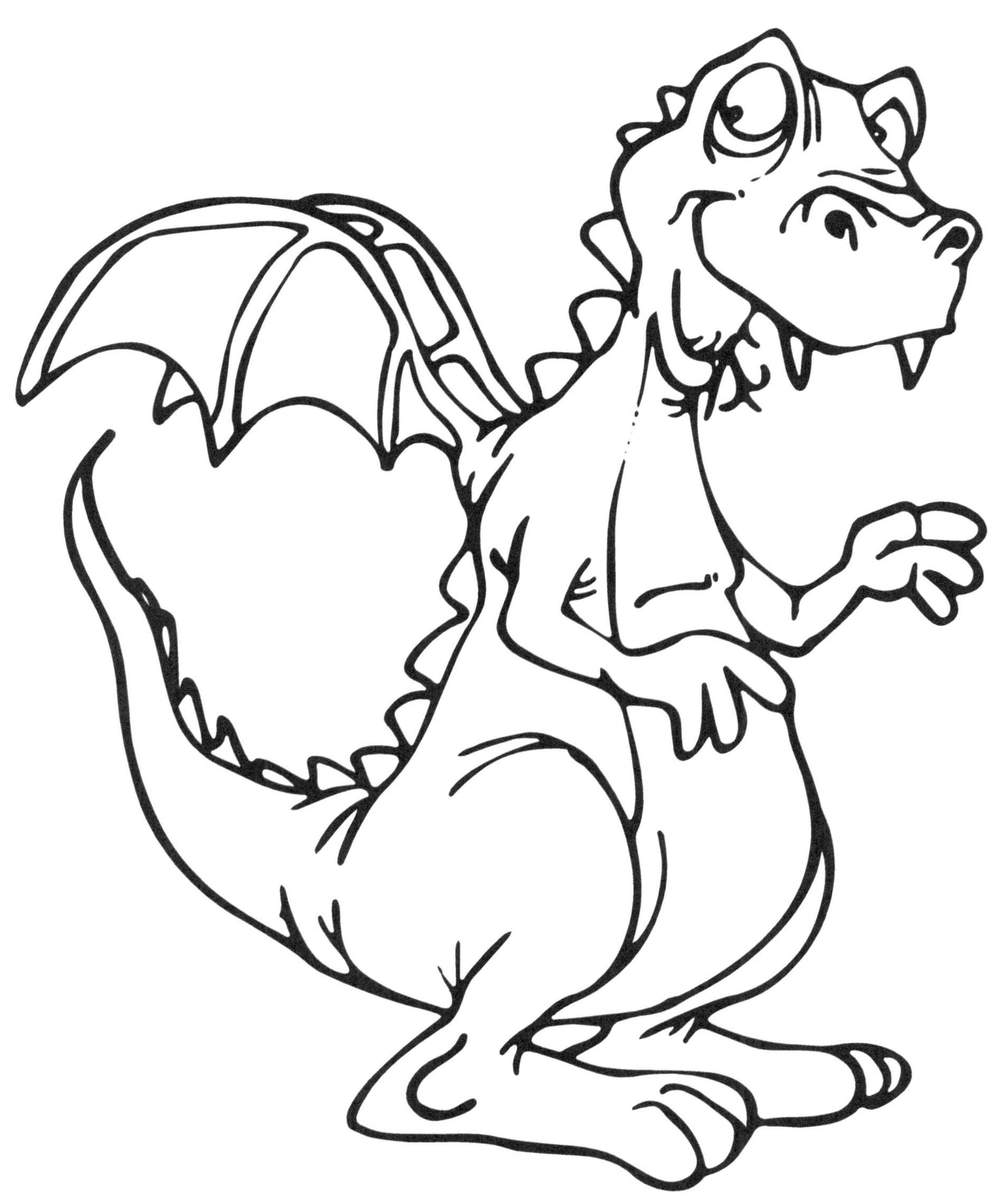

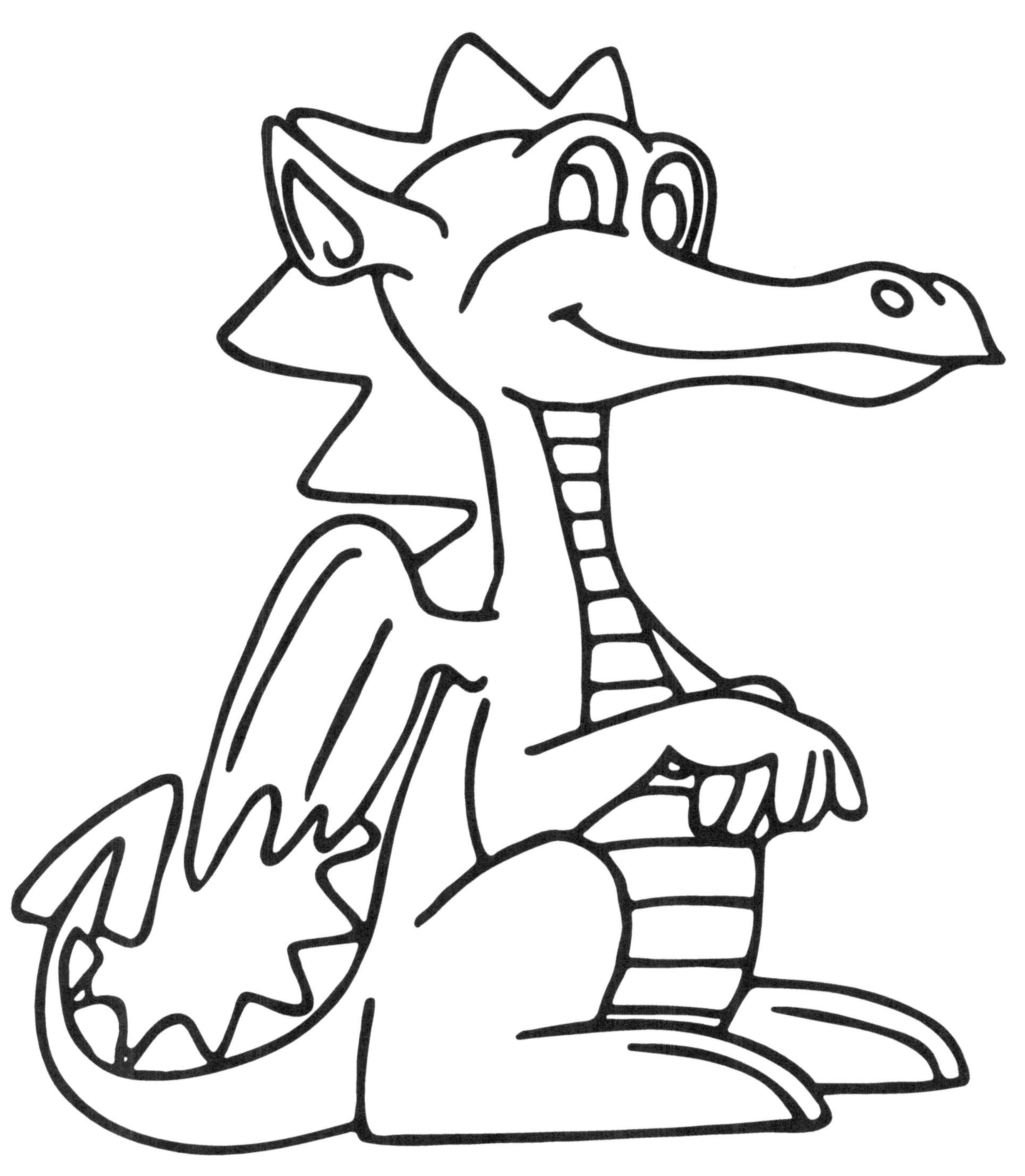

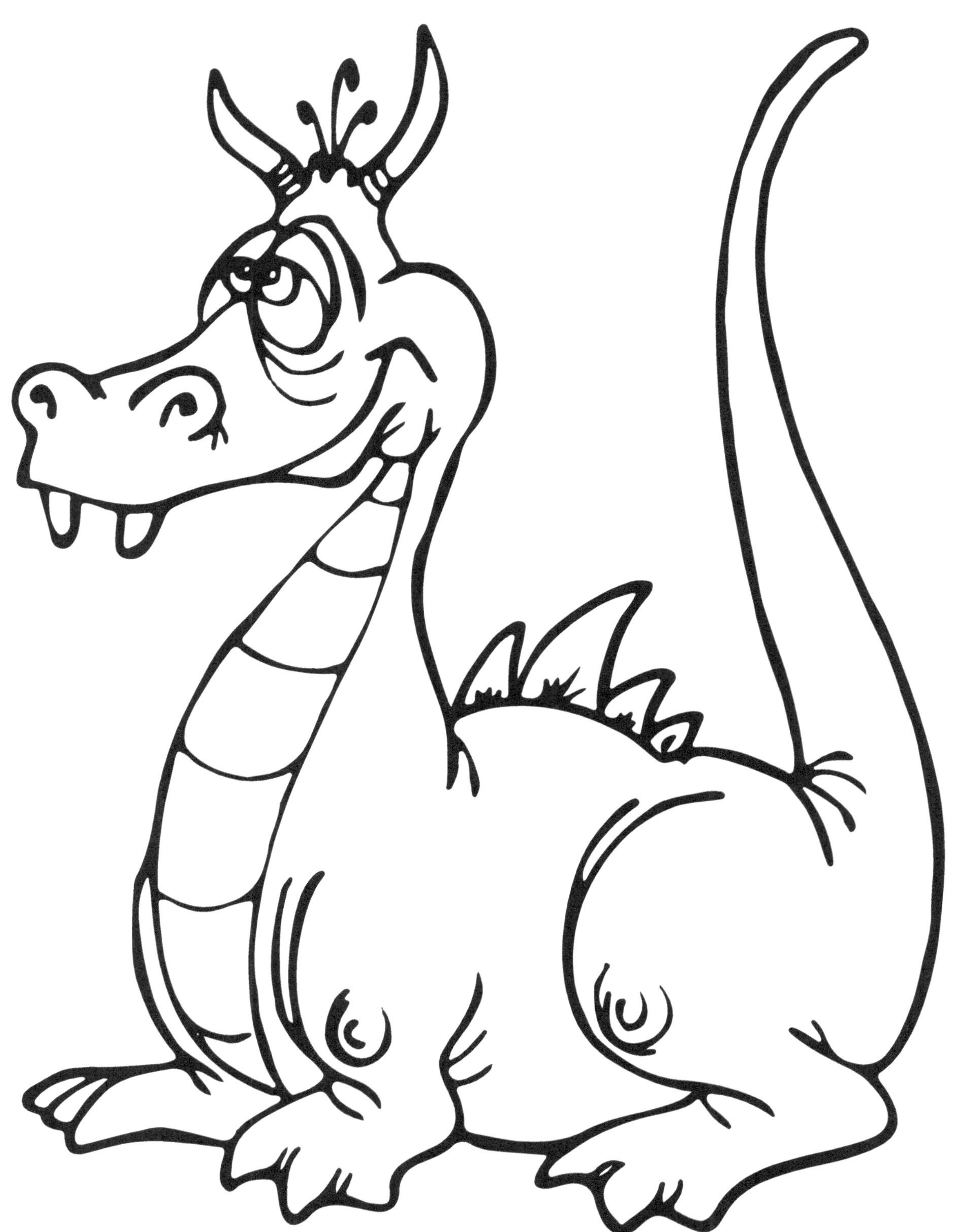

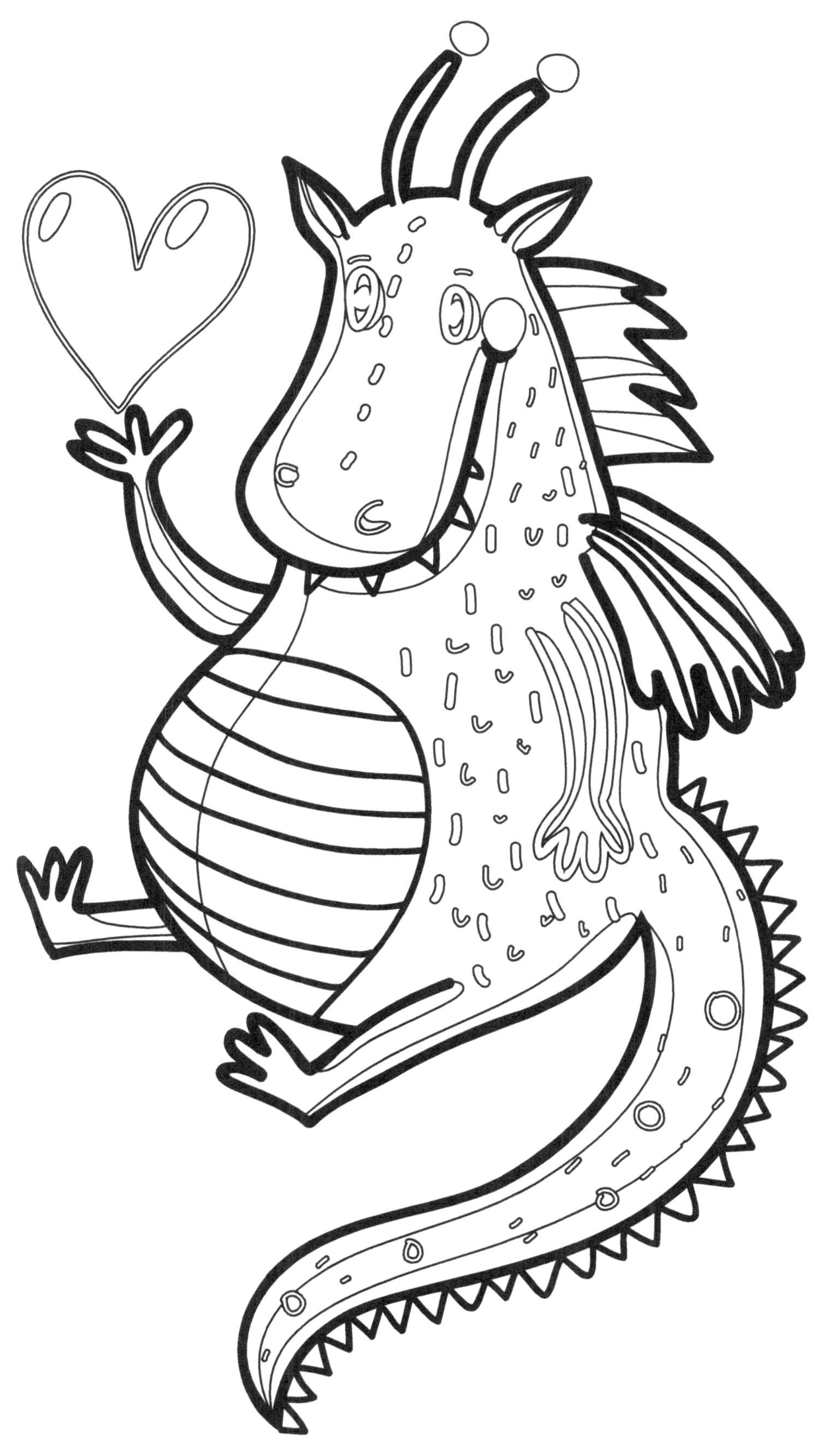

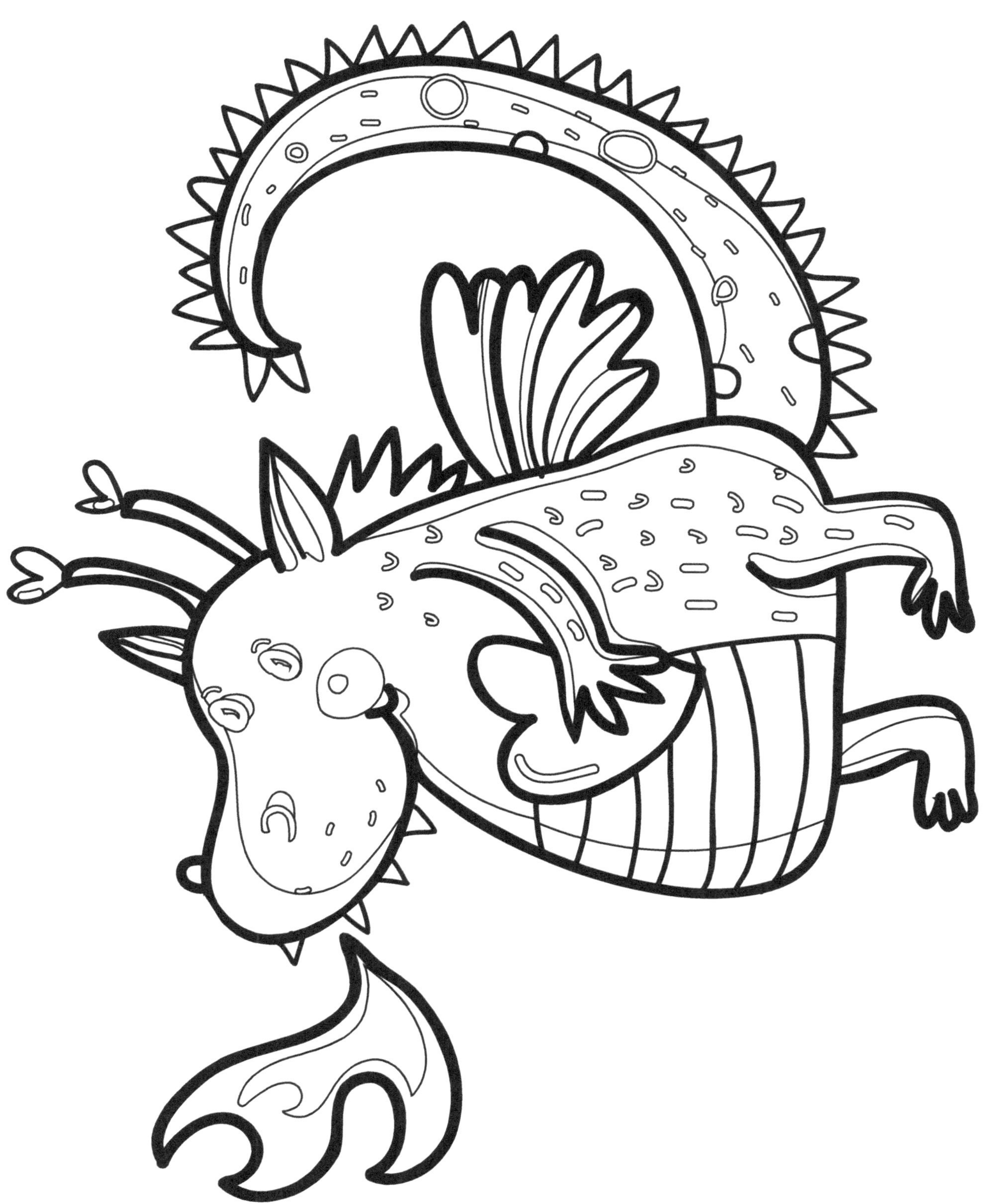

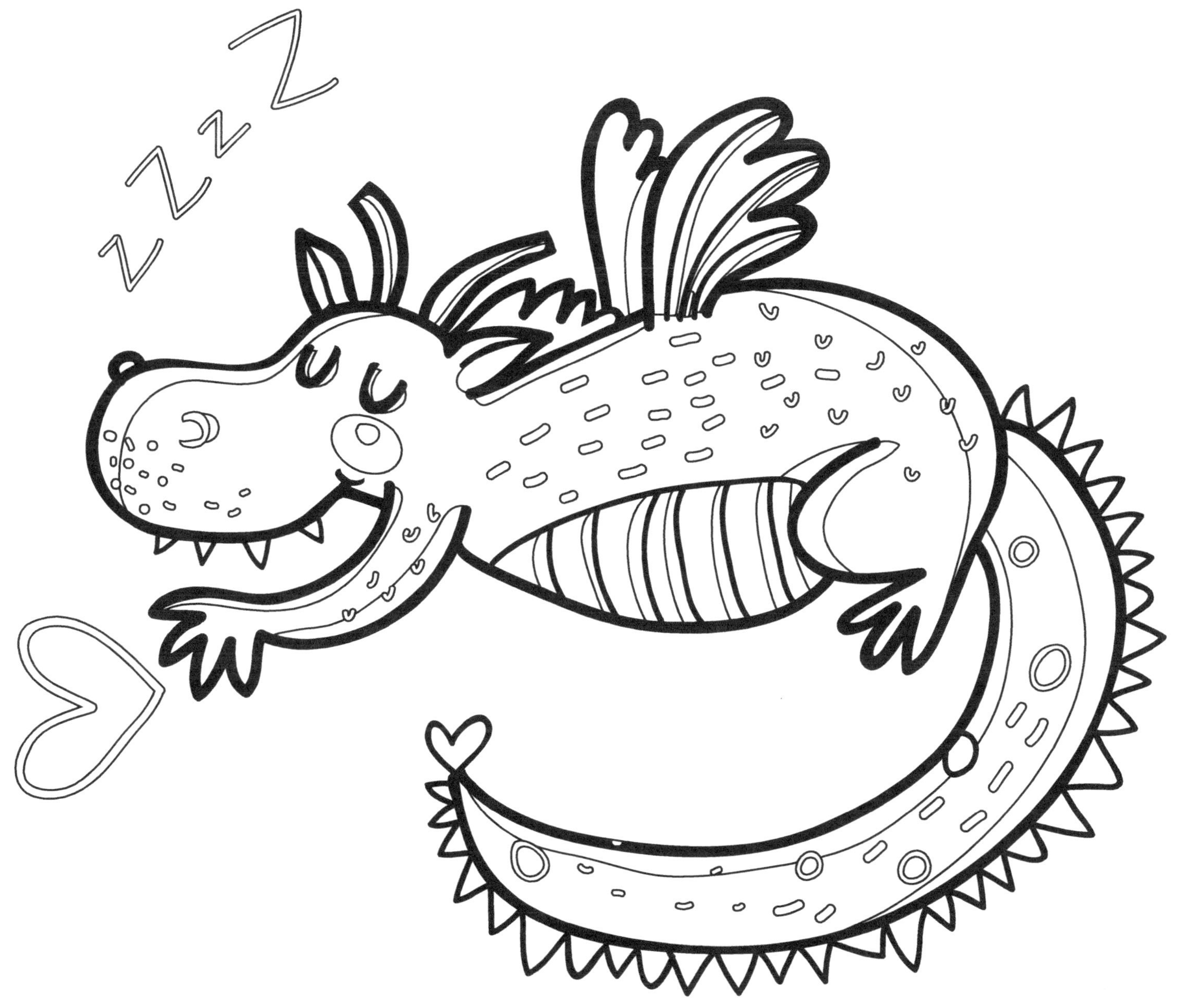
Zzzz

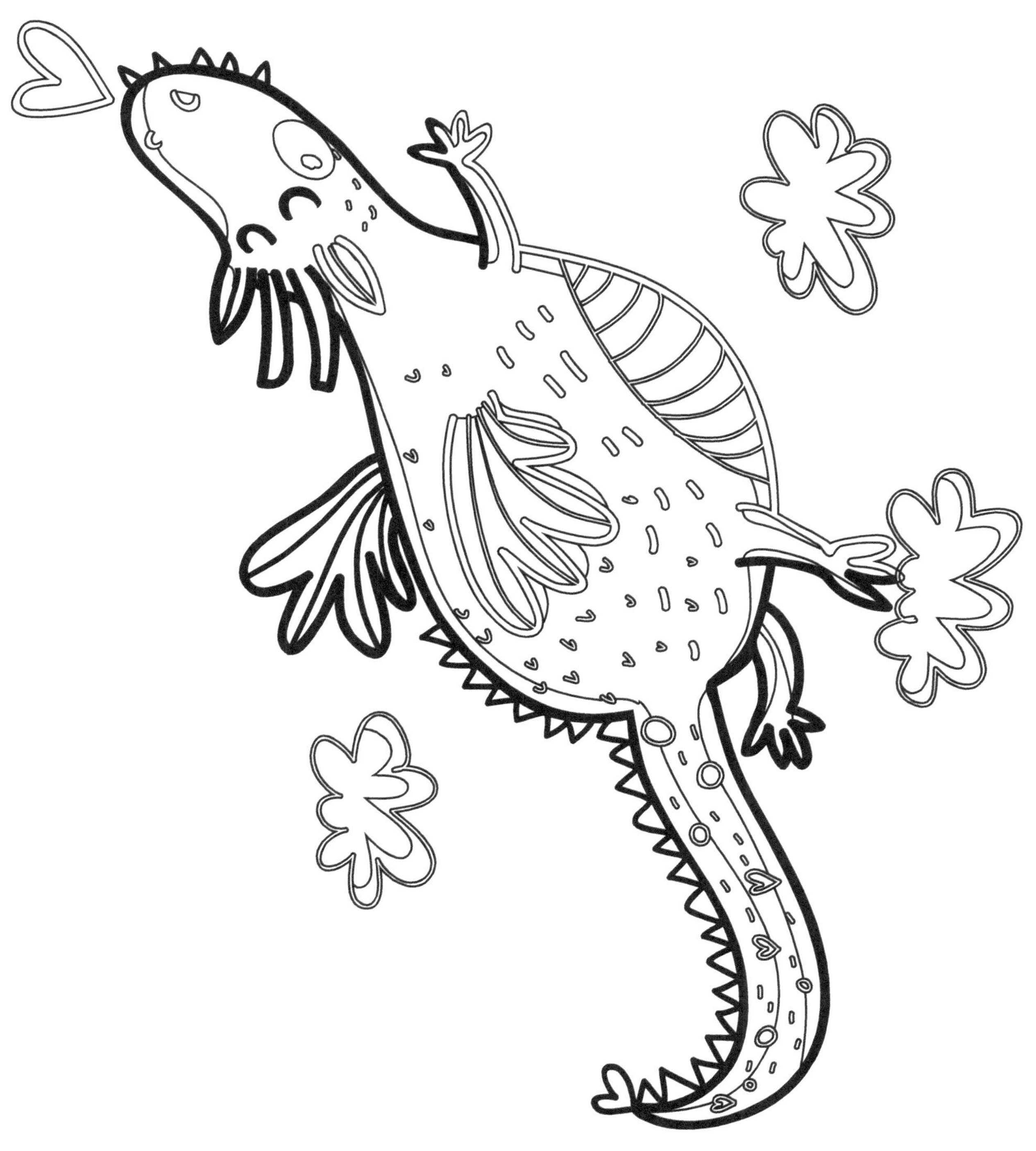

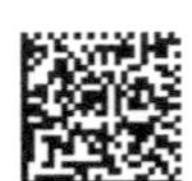

www.ingramcontent.com/pod-product-compliance
Lightning Source LLC
Chambersburg PA
CBHW080352030726
47598CB00009B/2715